우리가 사랑한 수동마을

> 당신의 바다는
> 삶을 받아쓰는 당신을 응원합니다.

책 제목 우리가 사랑한 수동마을
2025년 6월 17일 1판 1쇄 펴냄

글쓴이 수동마을 사람들
엮은이 김동수
펴낸이 김민섭
펴낸곳 당신의바다

출판등록
주소 강원특별자치도 강릉시 강릉대로 217 3층
이메일 xmasnight@daum.net

ISBN 979-11-93847-37-4   03810

만든 사람들
편집 이유나   **디자인** 김현아   **표지 그림** serizenne

우리가 사랑한 수동마을

수동마을 사람들

프롤로그

지나간 것은 그리움으로 남아

"소쩍! 소쩍!"

밤하늘의 별들이 쏟아지는 조용한 저녁, 어디선가 들려오는 소쩍새 우는 소리가 마을의 정적을 깨운다.

80년대만 해도 마을엔 늦은 밤까지 아이들 소리가 왁자지껄했다. 한때는 당봉실에 모여 애향단 줄을 서서 학교 가던 아이들이 7, 80명이나 되었는데 마을에서 아이들 울음소리 그친 지는 꽤 오래다. 그때 뛰어놀던 아이들은 다 커서 각자 일터를 찾아 대처로 떠났고, 나이 드신 어르신들만이 외로이 마을을 지키며 살아가고 있다. 지금은 230여 명 남짓한 마을 사람 중 65세 이상 노인들이 절반쯤이다.

지난해 우리 마을에선 모두 일곱 분, 올해도 벌써 세 분이나 돌아가셨다. 어르신 한 분이 돌아가실 때마다 빈집이 하나씩 늘어난다. 대처로 떠나간 자식들은 고향에 돌아올 기약이 없으니 살던 집을 처분하고, 마을에 발걸음할 일이 줄어들었다. 그렇게 '월둔집, 생골집, 박성골집, 밀양집, 영세집, 삽둔집…' 이 이름으로만 남았다. 누군가 돌아가시는 건 또 하나의 역사가 사라지는 것이다. 어려운 시절을 살았기에 때론 글도 못 배웠고, 평생 땅만 일구며 살다가 가셨지만, 사시는 동안 눈물 섞인 사연이 얼마나 많았을까? 진즉에 그분들의 이야기를 남겨두었더라면…. 아쉬움이 남았다.

몇 년 전부터 마을밴드를 통해 멀리 떠나서 살고 있는 사람들과 연결이 되었고, 마을 소식을 주고받게 되었다. 그러다 지난해 우연히 몇몇이 우리들의 이야기를 책으로 만들어보자는 말이 나왔다. 그렇게 뜬금없이 나온 말에 한 사람, 두 사람 글을 보냈다. 평소 글 쓰는 일을 해보지 않았기에 비록 서투르기는 하지만 글 속에는 어린 시절 많은 추억, 그리고 아픔들이 생생하게 담겨있다. 한마을에서 살았지만 서로 모르고 지낸 것도 참 많다는 걸 알게 되었다.

글을 읽다 보니 가슴이 먹먹해진다.
개울가에서 뚜거리 잡아 천렵하던 일, 소 먹이러 갔다가 소를 잃어버려 울던 일, 칠생이 잡아 숯불에 구워 먹던 일, 소나무 껍질 벗겨 먹던 일, 떨떠름한 해당화 열매 율구.
모두들 가난했기에 배가 고팠고 힘들었지만, 이젠 모든 게 다 그리움으로 남았다.
장 보러 간 엄마 배롱길을 돌아오길 하염없이 기다리던 아이는 그 또래의 손자를 키우고, 하늘 높이 연 날리던 아이는 어느새 머리가 희끗해졌다. 그런 모두의 마음속에 여전히 그리운 고향 수동이 한가득 넘쳐흐른다.

2025년 5월 봄빛 푸른 날
마을이 보이는 언덕에서 김동수

목차

프롤로그_지나간 것은 그리움으로 남아	4
가을날 아침에	13
감꽃, 그리움	19
고무줄 놀이	25
그해 겨울	29
꽁치를 추억하다	33
다시 걷는 길	37
담배 맛이 좋너?	41
돌고지 아이들	51
두근두근 당봉실	55
모내기하던 날	59
몬 술을 이렇게 까뜩 딸궜너?	63

방깐집 막내 복순	69
방앗간을 지나며	73
방앗간집 사위되기	77
밭을 갈면서	81
배룽길	85
버덩 잠	89
복숭아	93
사부곡	97
서낭당	103
소 멕이기	109
아버지의 흔적	113

어느 봄날	117
어린 시절을 돌아보니	121
여름밤	127
엿장수 아저씨	131
우리 할머니	135
우리들의 아지트	141
울 엄마 김순덕	147
울 엄마 어렸을 때	153
울컥, 봄	157
은어구이	161
이엉 잇던 날	165

일흔 아들의 눈물	169
장마	173
장마, 아버지와의 등교	177
장작 팔러 갔던 날	181
쟁비	185
찰떡 추렴	189
친구야, 밥 먹자	195
칠생이	199
하곳길	203
학교 가는 길	207
한 여름밤 버덩 잠	213

가을날 아침에

원일아집 김동수

우리 마을은 옛날부터 마을 앞에 개울이 흘러 농사짓는 데 어려움을 겪지 않은 동네라 수동(水洞)이다. 지금처럼 관개시설이 마련되어 있지 않던 시절 벼농사 짓는 데에 물은 아주 중요했다. 그래서 골짜기 논들은 물이 잘 빠지지 않는 천수답을 으뜸으로 쳤다. 가뭄이 들어 물이 모자라면 서로 논에 물을 대느라 잠을 자지 않고 물 대고, 그 물 때문에 이웃 간에 싸움도 많았다고 한다. 그런데 우리 마을엔 그런 걱정이 없었으니 살 만했다. 돌아보면 가난했지만, 이웃끼리 서로 먹을 것을 나누는 정이 있고, 동네 곳곳에 아이들 떠드는 소리 가득했다.

여름이면 아이들은 학교 다녀오자마자 제각각 집에서 소를 끌고 약속한 장소에 모였다. 오늘은 물 건너 버덩으로, 내일은 배골로 소 풀 뜯기러 갔다. 소들이 배불리 풀을 뜯는 동안 심심한 아이들은 놀거리를 찾았다. 누구네 감자밭에 들어가 감자 캐다가 모래밭에 파묻고 불을 피워 구워 먹었다. 그 바람에 입 주변은 시커멓게 변했다. 그렇게 서로 쳐다보며 웃었다. 그래도 좋았다.

아니면 개울가 돌멩이를 큰 돌로 내리친다. 우리 동네는 그걸 벼락치기라고 불렀다. 돌을 내리치면 그 속에서 작은 물고기들이 기절해서 밖으로 쑥 나온다. 그걸 버드나무 가지 꺾어 꿴다. 그건 저녁 국거리다. 물수제비도 하고 풍덩 물에 뛰어들어 누가 빨리 건너편까지 건너는지 시합도 한다. 헤엄이라야 개헤엄 아니면, 머리를 물 위에 내놓고 손날로 가볍게 쳐서 물보라를 날리는 칼 치기 수영이다. 강을 건너봐야 20미터 남짓이니 머리를 물속에 넣지 않아도 충분하다. 그때 시골 아이들의 수영법은 다 그랬다.

해 질 무렵 햇볕에 그을려 새까매진 아이들은 소를 찾아 집으로 돌아간다. 조금 큰 형들은 소 등에 올라타고 가는 여유를 부리기도 한다. 어린 동생들은 그걸 부러운 눈으로 보았다. 어떤 날은 노는 데 빠져 남의 집 밭에 소가 들어가 콩을 뜯어 먹는 바람에 어른들한테 야단도 맞고, 또 어떤 날은 소를 잃어버려서 울고 난리를 쳤는데 집에 가보면 야속하게도 소가 먼저 와 있기도 했다. 그때는 그랬다.

옛날 어른들은 누구누구네 집 그렇게 부르지 않고 꼭 택호를 불렀다. 지금처럼 주소도 번지도 모르던 시절이니 어느 마을이건 집을 찾으려면 택호를 알아야 했다.

이름 지은 걸 보면

첫째, 시집온 며느리의 고향을 택호로 한 '배터집, 월둔집, 박성골집' 등이 있다.

둘째, 살고 있는 곳을 택호로 삼는 경우다. '생골집, 꼬댕이집, 뒷방집, 안에집' 등등이 그렇다.

셋째, 그 집에서 하는 일에 따라 '지관네, 방깐집, 목상네' 그렇게 불렀다.

그리고 가끔 할머니네집처럼 특별히 부르는 집이 있었다.

'배터집, 월둔집, 뒷방집, 귀둔집, 갈벌집, 삐뚜기네, 큰부개미집, 배매집, 뒷골집, 샛골집, 탁골집, 놀골집, 아름말집, 목상네, 시주네….'

이렇게 부르고 보니 아련한 그리움이 피어난다. 이제 이 집들은 다른 곳으로 이사 갔거나, 살던 어른들이 돌아가신 뒤 자식들이 대처로 나가서 이름만 남았다.

'버덩집, 영세집, 삽둔집, 당시미집, 백실집, 버들골집, 작은생골집….'

마지막으로 살던 어른이 돌아가신 뒤 집은 남아 있고, 어쩌다 고향에 한번 자식들이 들렀다 가는 빈집들이다.

'새집, 원일아집, 돌고지집, 영덕집, 제골집, 부개미집, 웜집, 환재집, 삼바리집, 꼽장골집, 담뱃집, 어성밭집, 동사집, 범부집, 할머이네집, 지관네집, 꼬댕이집, 방깐집, 밀양집, 박성골집, 안에집….'

이 집들은 아직은 어른들이 살고 계시거나 자식들이 살고 있는 집들이다.

아침햇살 비치는 마을을 내려다보니 그 옛날 아이들로 시끌벅적하던 마을이 고요하다. 이제 마을에서 아이들 소리 듣는 일이 드물고, 혼자서 고향 집을 지키던 노인네들이 한 분 두 분 돌아가실 때마다 빈집만 하나씩 늘어난다.

지난여름엔 비가 오나 눈이 오나 날마다 읍내 장터에 나가 온갖 고사리며, 콩 따위를 팔며 홀로 사시던 버덩집 아주머니가 논에 다녀오다 교통사고로 돌아가셨고, 삽둔집 할머니는 평생 밭일로 얻은 관절염으로 고생만 하시다 돌아가셨다. 그렇게 빈집이 늘어만 간다. 대처로 떠나간 자식들은 더 이상 고향으로 돌아오지 않는다.

그 옛날 술래잡기하느라 밤늦도록 동네 곳곳을 돌아다니던 그 아이들은 어디에선가 잘살고 있겠지. 여전히 고향을 떠나지 않고 살다 보니 그때가 아직도 눈에 선하다.

아! 가난했지만 그래도 그 시절이 아득한 그리움으로 다가오는 가을날 아침 눈이 시큰해진다.

※ 우리 마을 사람들이 입으로 하는 말대로 택호를 썼습니다. 그러다 보니 한글로 표현할 수 없는 집이 있어 한 집을 빠뜨렸어요. 왜 한글로 모든 소리를 적을 수 있다고 할 때 '이것도 써 봐.' 하는 거 있잖아요. 영감을 소리 내어 말할 때 그 글자. 나중에야 그 집 원래 이름은 '읍내 집'이었다는 걸 알았습니다.

감꽃, 그리움

뒷방집 김숙자

유년의 5월 어느 날쯤이었나 보다

아버지는 감꽃이 필 무렵만 되면,
아침 일찍 깨워
웃도랑에 가서 세수하고 오도록
우리 육 남매를 밖으로 내보내곤 하셨다.

그 당시
어린 맘엔 참 귀찮고
짜증 나는 일 중의 하나였는데,
아마도 물을 데워야 하는 엄마의 수고도 덜 겸
일찍 일어나는 습관을
길러주기 위함이었던 것 같다.

터덜터덜
정지 밖을 나와
나무로 된 울타리 옆을 지나다 보면
흐드레기가 참나무마다
비 온 뒤에 싱싱하게 돋아있고
노란 호박꽃 속엔 왕벌이 열심히 꿀을 따고 있었다.

조심조심 고무신을 벗어

녀석을 홱 낚아챈 다음

허공에 휘휘 몇 바퀴 돌려 바닥에 내리치면,

잠깐 기절한 틈을 타 침을 빼고 곤충채집을 하곤 했었다.

이른 아침 여린 햇살은

양수네 집 오랜 돌각담 위에서

언뜻언뜻 부서지고,

소를 매어놓은 감나무 옆을 지날 땐

소똥 냄새보다

휘두르는 꼬리에 채일까

더 겁을 냈다.

뽀얀 황톳빛이 드러나도록

빗자루 자국이 선명한

감나무 밑에는

떨어진 감꽃들이 나뒹굴어

어린 맘에도 왠지 울컥했던 기억이다.

돌돌돌

소리만으로도

으슬하니 소름 돋는 도랑가에서
고양이 세수로 눈곱만 떼고선
멍하니
소용돌이치며 맴도는 감꽃에 한눈팔다가
누군가 쌓아놓은 도랑가 넓적한 빨래터 사마귀탑을
건드리면 옮는다는 설을 무시하면서
툭 차버리곤 한동안 꺼림칙했던 기억이 난다.

돌아오는 길….

양손 가득
떨어진 감꽃을 담아와서는
실에 꿰어 걸어놓고 한참을 먹곤 했다.
맛보다는 그 향기가 더 좋았던 기억인데,
그런 날은 내게서
달콤 쌉싸름한 감꽃 향이 종일 나는 듯했다.
지금도 가끔
내 꿈에 등장하는
뒷도랑 가는 길 양수네 집 감나무와 돌담,
그리고 선명하게 각인된 빗질 곱게 난 황톳길 위의 감꽃들

이젠 아버지만큼의 그리움으로

내 마음속에

아름답게 남아 있다.

※ 수동말사전
1. 흐드레기: 목이버섯. 참나무에 붙어 있다.
2. 돌각담: 돌담

고무줄 놀이

뒷방집 김숙자

요즘 아이들이야 컴퓨터나 놀이동산이 있어 놀거리가 많지만 우리 땐 그런 게 없으니 그저 들판에서 뛰어노는 걸 자연스럽게 배우며 컸던 것 같다.

봄이면 학교를 오가던 배롱길 따라 분홍빛 고운 진달래꽃이 지천으로 피면 꽃의 가장 큰 가운데 꽃술을 따서 진 사람은 구부리고 이긴 사람이 가운데로 넣어 잡아당겨 끊으면 이긴다. 여린 꽃술이 다칠까 조심 또 조심하며 심장 쫄깃해지던 그 순간이 이 게임의 백미이다.

또, 아카시아 잎을 따서 가위, 바위, 보로 이긴 사람이 손가락으로 튕겨 잎을 먼저 따내는 놀이를 했다. 어쩌다 한 번에 두 장을 떨어뜨리기라도 하는 날은 세상을 다 얻은 듯 행복했다. 잎을 다 떨구고 그것도 시들해지면 아카시아 남은 줄기로 친구의 머리카락을 말아 파마를 해주곤 했다. 요즘 아이들은 진달래 꽃술 따기, 아카시아 파마를 과연 상상이나 할까?

그러나 뭐니 뭐니 해도 어린 시절 우리의 놀이 1위는 고무줄놀이다. 까만 고무줄 하나면 어디서건 맘 놓고 뛰어놀 수 있었으니 말이다. 양옆에 한 명씩 고무줄을 당겨서 잡고 있으면 아무렇게나 뛰어놀면 되는 것 같지만 실상은 나름의 엄격한 규칙이 있었다. 발목, 무릎, 허리, 어깨, 머리 등 높이에 따라 단계별 규칙도 달랐다. 무릎 정도의 높이까지는 주로 밟거나 뛰어넘는 미션이 많았는데, 고무줄은 절대 건드리지 말고 뛰어넘어야만 한다. 이때 노래도 같이 부르며 뛰어넘다 보니 요즘으로 치면 핫한 트롯 태권가수 나태주에 버금갈 것이다. 특히 나에게 도전 의식을 불러일으키는 미션은 허리 정도의 높이 때 주어지는 일명 '앞바퀴 뒷바퀴'였다. 한 발씩 교차하며

"앞바퀴~ 뒷바퀴~ 자동차 바퀴~ 앞에는 운전수, 뒤에는 손님."

그래도 여기까지는 좀 여유가 있었다. 다음이 문제다. 최대한 뒤에서부터 앞으로 달려 나가며

"달려라 달려라 서울역까지~ 달려라 달려라 서울역까지~"

한 번도 가본 적 없는 서울역이었지만 이때는 정말 서울역까지 달리겠다는 의지로 앞으로 달려나가야 한다. 자칫 보폭을 크게 해서 간격을 잘못 계산했다가는 제자리에서 계속 뛰다 발이 꼬여 넘어지거나, 고무줄을 놓치기가 일쑤였다.

마지막 구절은 속도를 줄이며

"여~ 기는 서울역, 내려주세요."

하면 다음 단계로 넘어갈 수 있는데 2학년 내내 한 번도 성공 못 하고 3학년이 되어서야 서울역까지 무사히 손님을 모셔드릴 수 있었다. 나보다 3살 많은 언니는 언제나 한 수 위였고, 나는 늘 다음 단계로 올라가지 못해 고배를 마시곤 했었다.

우리의 고무줄 사랑은 학교에서도 예외는 아니어서 쉬는 시간이건 점심시간이건 가리질 않았다. 지금 생각해 보니 단발머리 나

풀거리며 폴짝거리는 모습이 얼마나 이뻤을까? 아득한 그 시절이 사무치게 그립다.

그런데 고무줄놀이의 최대 난관은 남자아이들이었다. 한참 재밌게 놀고 있으면 어느새 살금살금 다가와 칼로 고무줄을 끊고는 냅다 줄행랑을 치는 것이다.

그 뒤론 고무줄은 서너 군데 묶어서 사용하곤 했지만, 검정 단화에 하얀 카라, 교복 치마를 입고 읍내에 있는 중학교를 다니게 되면서 고무줄놀이와도 자연스레 작별했다.

지금은 어디서 무얼 하며 살고 있는지 소식도 뜸한 코흘리개 친구 종길이, 시열이 녀석들을 만나면 고무줄 끊은 이유를 꼭 물어봐야겠다.

"니들, 빤쓰 고무줄 하려고 그랬지?"

그해 겨울

뒷방집 김숙자

아직
어스름이 채 가시지 않은 새벽
구들장이 따뜻해져 오면
엄마는 이미 가마솥에 소여물을 끓이고 계셨다.

윗목에서 자고 있던 언니와 나는
정전기 나는 카시미롱 이불을
서로 끌어당기며
따뜻한 아랫목으로 파고들었다.
소여물을 끓이고 나면
가마솥 가득 물을 데웠다.
뽀얀 김이 나는 뜨거운 물을 양동이에 담아 뜨락에 놓고 찬물을 섞어가며
다이알 비누로 세수하고
무궁화표 빨랫비누로 머리를 감았다.

머리 감은 물을
두엄 밭 옆으로 휙 버리고 나면
쌓인 눈이 맥없이 녹으며 동굴 같은 모양이 만들어졌고
마당에 쌓인 눈 위엔 밤새 누군가의 작품인지 노란 오줌 자국이 선명했다.

방금 감은 머리카락에서도
부엌의 가마솥에서도 모락모락
김이 나는 아침,
젖은 머리 얼새라 물기를 닦으며 올려다본 처마 끝엔
고드름 사이로 아침햇살이 영롱했었다.

설날 차례를 지내고 나면
아버지와 오빠는 겸상하고
엄마와 다섯 딸은 두리반 상에 둘러앉아
김 가루 깻가루 듬뿍 넣은 떡국을 먹었다.

"두 그릇 먹으면 두 살 먹는 거다."
아버지의 농담마저 든든했던 그 시절엔
유일한 아들이었던 오빠에게만 주어지던 음복 잔이
마냥 부러웠다.
다섯 누이의 부러운 시선을 한껏 받으며
인상 한 번 찡그리지 않고 고개 돌려 원샷하던 오빠는
코 밑 수염이 더 짙어진 듯했고
그렇게 고등학생이 되었고
그렇게 당당하게 한 살을 더 먹었다.

아버지 가신 지 삼십여 년

사는 일이 바쁘단 이유로
명절에도 자주 볼 수 없지만
흰머리 희끗한 아버지 닮은 오빠가
오늘따라 더욱 그리워진다.

꽁치를 추억하다

뒷방집 김인자

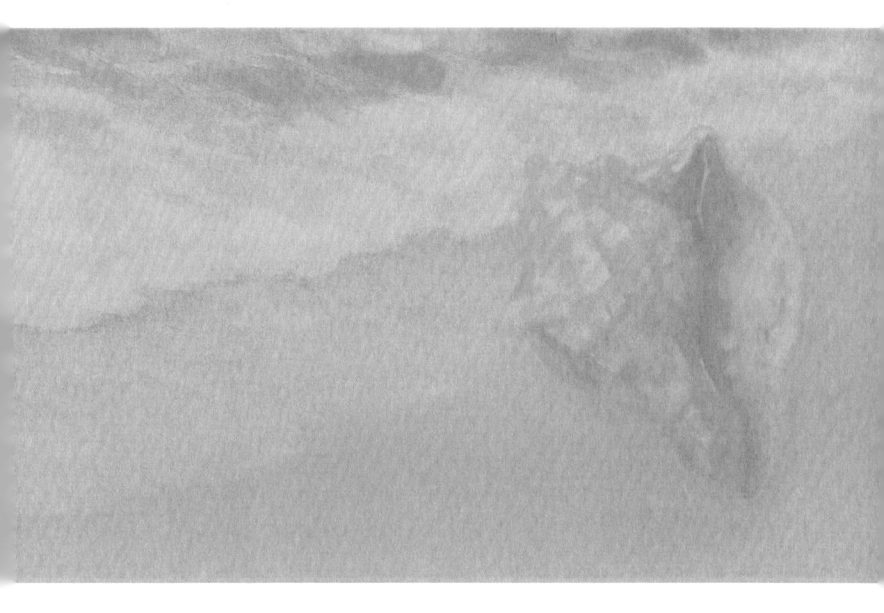

양양, 속초 바다에서 잡은 생선을 일컬어 이곳 어르신들은 지방고기라고 불렀다. 예전 풍어로 활기 넘치던 포구는 이제 보기 힘들뿐더러 모든 어종은 대부분 수입에 의존하는 걸로 알고 있다. 그중 꽁치에 대한 내 유년의 기억은 깊은 감정을 불러일으킨다. 어릴 적 모내기 철이면 저녁 반찬으로 논에서 받아온 꽁치를 먹곤 했는데 아직도 그 맛을 잊을 수 없다.

  그래서인지 지금도 장날 좌판에서 꽁치를 만나면 반가운 맘에 덥석 사 오곤 한다. 나름 맛있게 한다고 하는데도 옛 맛이 나지 않음은 나만 그러할까? 지금은 이앙기로 사나흘 내로 모내기를 마치지만 예전 오월이면 질을 짜서 한 달 이상 이어지곤 했다. 긴 나날을 고생하실 부모님의 노동에 대해 무지했던 나는 마치 이 집 저 집 돌아가며 치루는 잔치인 듯 설레던 기억이 있다.

  오늘은 방깐집이 모를 내는지, 내일은 담뱃집인지 나는 아버지가 달력에 적어 둔 일정을 쫙 꿰곤 했다. 일요일 또래들과 모내기 하는 집으로 가면 우리들에게 "뒷산에 가서 갈땅잎 좀 따오너라!"라는 명을 받곤 했다. 그릇이 귀한 시절이라 꽁치를 갈잎에 담아 일꾼들에게 나눠 주기 위해서다. 나중에 알게 되었는데 갈잎도 망개나무 잎처럼 방부제 역할을 한다고 한다. 어르신들은 어떻게 아셨을까? 그 생활의 지혜에 고개가 절로 숙여진다.

소여물을 끓이던 큰 가마솥은 모내기 철이면 삼십여 명 일꾼들의 밥솥이 되었다. 점심밥 담당하는 안주인과 집안 새댁들은 솥에 나뭇가지를 엇갈려 지른 후 짚을 깔고 꽁치를 안쳐 쪄냈다. 양념이라곤 간장에 고춧가루와 송송 썬 마늘잎이 전부였다. 일꾼들의 몫은 두 도막씩 갈잎에 담겨서 논으로 나갔고 일 못 가신 어르신들의 몫은 있었어도 아이들 몫은 없었다. 나는 꽁치보다는 마당에서 친구들과 놀다 가마솥에서 나오는 구수한 누룽지 받을 기대가 더 컸다.

일꾼들에겐 점심 반찬으로 꽁치 두 도막씩을 별도로 나누어 주었다. 엄마는 아침 학교 가는 나에게

"오늘 학교에서 오면 웃버덩 큰집 논으로 오너라"라고 하셨다.

나는 이미 알고 있었다. 날이 저물도록 기다리지 말고 꽁치를 가져가서 먼저 먹으라는 것을. 그래서 학교가 끝나면 서둘러 친구들과 논으로 달려갔다. 어른들은 갈잎에 싼 꽁치와 미역자반을 짚으로 묶어 소나무나 아까시나무에 걸어 두고 모를 심고 계셨다.

논 한 가운데서도 우리들을 용케 알아보시고

"거기 소낭구에 매달어 놨어. 어여 가서 느덜 먼저 먹거라이. 어이 가! 어이 가!" 하며 손짓을 하시면 우리들은 당연하다는 듯 꽁치를 챙겨 집으로 돌아왔다.

꽁치 수분이 스며들어 눅눅해진 미역자반을 부뚜막에 말리다

보면 개미가 새까맣게 달라붙었다. 그걸 아무렇지도 않게 툭툭 털어 저녁 반찬으로 먹었다. 위생이 뭔지도 몰랐던 그 시절 불만 또한 뭔지도 모르고 자랐던 것 같다. 배만 채워놓으면 저절로 컸다던 어르신들의 말씀이 이제야 폐부를 콕콕 찌른다. 그때 엄마들은 점심 반찬을 무엇으로 때우셨을까? 지금 생각해 보니 철부지라는 이름으로 치부하기엔 지금도 얼굴이 화끈거리고 콧등이 시큰거린다.

갖은양념을 버무려 만들어도 요즘 조리한 꽁치는 왜 이렇게 퍽퍽한지. 기름기 자르르 흐르고 깊은 풍미가 입안 가득 퍼지던 그때 그 맛을 찾기란 쉽지 않다. 갈잎에 싸여 들판을 돌아온 꽁치의 맛은 이제 과거의 추억으로 남았다. 하지만 어릴 때 그런 정서는 내 삶의 큰 자양분이 되어 지금의 내가 되었다. 60대 중반에 접어든 지금도 논바닥이 푸르게 번지는 오월이 오면 그 맛이 더욱 생생하게 되살아난다. 어린 시절 기억 속의 꽁치는 단순한 음식이 아니라 가족의 사랑과 정을 나누던 매개체였다. 꽁치 한 점에 담긴 사랑과 추억을 음미하며 그 시절 그 시간을 다시 느끼고 싶다.

※ 수동말사전
1. 질: 두레의 일종으로 농사일을 공동으로 하기 위하여 마을에서 단위로 만든 조직
2. 갈땅잎: 떡갈나무 잎
3. 소낭구: 소나무

다시 걷는 길

뒷방집 김인자

학교 가는 지름길인 외나무다리를
홍수라는 놈은 해마다 삼키고 갔어요.

그 다리는 다시 볼 수 없지만 월리에서
남대천 물줄기 따라가다 보면
한남초등학교 앞 둑방에서 산 쪽으로 걸으면
새벽종 울리고 새 아침 밝을 때
새마을 깃발 높이 올리고 가파른 산허리를 깎으신
아버지들의 노고 길이 있어요.

예전엔 벼랑에 길을 냈다 하여
사투리로 배룽길이라 불리었는데요.
지금은 도로명 주소로 벼룻길이라 하더라구요.
새 이름은 별로 맘에 안 들어요.
그냥 귀에 익은 배룽길이 난 더 좋아요.
암튼, 큰물 나가고 나면 멀어도 어쩔 수 없이
돌아다니던 길이였지요.

시골 버스가 먼지 풀풀 일으키며 다니던 길이기도 했는데요.
비포장도로에 푹푹 패인 웅덩이를 지날 때마다
머리가 천장에 닿을 정도로 겅중겅중 뛰어서

뒷자리에 앉은 우리들은 팔깍지를 끼고도
좌우로 휘청이다가 벌떡벌떡 일어서기도 했지요.
머리가 다 커서 타봤을 유원지 디스코 팡팡이 과연 그때
그 짜릿함에 비할까요?

그 아련한 길이 이젠 포장이 되고
봄만 오면 벚꽃이 산허리에 환한 띠를 두르는데요.
듣자 하니 그 나무를 친구 오빠가 면장 할 때 심은 거라네요.
어릴 적 친구 집에 갔을 때 그 오빠를 보면
저절로 볼이 붉어지기도 했었는데요.
그때 짧았던 설렘처럼 그래서 벚꽃도 잠시만 머물다 가나봐요.

벚꽃잎이 강물에 흘러가면 바통을 잇기라도 하듯
섬버덩 마을엔 물감 번지듯 복사꽃이 화안하게 번지는데요.
온 버덩에 융단을 깔아놓은 듯 설렘이 이를 데 없지요.

이때가 되면 물길 따라 산란하러 오르는
황어 떼들이 아주 장관이지요.
그 장면 보노라면 마치 공만 보면 달려드는
미식축구 선수들 같아 저절로 기린 목이 되곤 하지요.
예전엔 손수레에 황어를 싣고 마을 어귀에 들면

산골에도 배 들어왔다고 한동안 사월이 술렁거렸어요.

벼랑길 끝나는 지점에 다다르면 십여 가구 남짓 집들이 있는데요.
그곳은 돌이 많아 붙여진 이름인지,
물이 돌아가는 곳이라 붙여진 건지 잘 모르겠는데요,
아무튼 돌고지라는 지명이 수동의 초입이고요

청룡산 아래 물길 따라 다시 돌아가면 큰 마을이 펼쳐지는데요,
그 마을 앞으론 큰 개천이 흐르고
뒤로는 푸른 산이 병풍처럼 둘러싼 동네가
바로 내가 자란 고향 수동이랍니다.

담배 맛이 좋냐?

돌고지 이동우

우리 어렸을 땐 담배를 '구름과자'라고 불렀다. 옛날이나 지금이나 전 세계적으로 마약과 같은 묘한 마력(魔力)의 기호품인 담배. 이런 담배가 몸에 안 좋다는 건 세 살배기 아이도 아는 사실이지만 그걸 모르고 피는 사람은 한 명도 없을 것이다. 오죽하면 담배 포장지에 온갖 담배로 인해 발생하는 무시무시한 질병 사진과 살벌한 문구로 금연을 홍보하겠는가?

여행 유튜브를 보니 아프리카나 동남아 오지 마을에서는 어린 아이부터 마을 어르신들까지 스스럼없이 맞담배질을 하는 모습을 흔하게 볼 수 있다. 그걸 보면 그들 나라에선 담배가 아, 으른 할 것 없이 일상의 기호품으로 여기는 듯하다. 그런데 우리나라에선 머리에 소똥도 안 벗겨진 아덜이 상투 틀기 전엔 절대 입에 대서는 안 되는 게 바로 담배였다.

늘 눈치 안 보고 당당하고 멋있게 담배를 피는 어른들을 볼 때면 나도 머리에 소똥만 벗겨지면 상투 틀기 전이라도 꼭 담배부터 배워보리라 다짐하며 세월 가기만을 기다렸다. 그런데 생각보다 담배를 피워볼 수 있는 기회는 너무 빨리 왔다. 아니, 시골 생활에 그런 기회는 늘 있었지만 미처 생각을 못했던 것이었다.

그 기회는 바로 매일매일 일과였던 소먹이는 순간이다. 학교 다녀오면 가방 팽개치기 무섭게 늘상 다니던 소먹이는 일. 돌고지에서는 소먹이 장소가 늘 정해져 있다. 살갯골이나 뒷띠전 아니면 마을 앞 강가 돌밭이다.

살갯골이나 뒷띠전 골짜기로 들어가면 소먹이 풀이 지천이라 소들은 뷔페에 차려진 온갖 음식을 골라 먹듯 포식하는 재미가 있어 좋았겠지만, 한낮에 골짜기로 들어가면 범부 뒷산으로 해가 뉘엿뉘엿 떨어질 때까지 대여섯 시간을 골짜기에서 보내야 하는 우리들에겐 여간 심심한 일이 아니었다. 그래서 부모님들 몰래 섬버덩 자갈밭이나 돌고지 앞버덩 자갈밭으로 가곤 했다.

소들이 자갈밭에서 뜯어먹을 풀을 찾기 위해서 마치 사막에서 오아시스 찾듯 이리 뛰고 저리 뛰고 돌아다녀도, 우리는 신경 쓰지 않고 그저 우리들 물장구 치고 놀기에 바빴다.

그렇게 실컷 놀다 소를 몰고 집으로 돌아가면 홀쭉한 소의 배를 보고 돌밭에서 놀고 온 것을 알아차리고 부모님의 불호령이 떨어지곤 하였다. 시골에서 재산목록 1호인 소 대접을 제대로 안 했으니 역정이 날 만도 했지만, 그 역정을 이해하기엔 너무 어린 우리였다. 놀기 좋은 앞버덩 돌밭은 그 후로 두 번 다시 갈 수 없어 그 뒤론 무조건 살갯골이나 뒷띠전으로 갈 수밖에 없었다.

그런데 우리가 누군가? 시키는 일은 이 핑계 저 핑계 대며 뺀질거리고 안 해도 하지 말라는 일은 귀신같이 찾아서 하는 돌고지 꿈나무들 아닌가? 명환이, 나보다 세 살 위 형이지만 그 당시 위아래 세 살 차이는 친구였다. 그리고 나, 윤재, 권석이 이렇게 넷이서 주로 다녔다.

소 먹일 곳에 도착하면 다들 소뿔에다 밧줄을 칭칭 동여맨 후 엉

덩짝을 냅다 후려치면 자기들이 알아서 골짜기로 들어간다. 그때부터 우리의 놀이가 시작된다. 보통 한여름인 7, 8월이 소먹이 시즌이라 그맘때쯤이면 근처 고구마 밭이나 감자밭에선 서서히 여물어가는 고구마와 감자가 제법 실했다.

아직 추수하기는 이르고 밭 주인도 절골 산을 서너 개 넘고 산허리를 두어 번 돌아야 하는 곳에 밭이 있으니 주인에게 들킬 일도 없었다. 우린 그냥 맘에 드는 걸로 여유 있게 골라 먹기만 하면 되었다. 서리도 이렇게 밍밍한 서리가 없다. 아니, 이건 서리도 아니다. 무릇 서리란 어두운 밤에 주인 몰래 숨죽여가며 콩당콩당대는 심장 소리를 들으며 긴장감 속에서 목적물을 쟁취하는 스릴이 있어야 서리지, 이건 뭐 "아무나 잡쉬" 하는 판에 쉽게 얻으니 영 서리하는 맛이 안났다.

고구마, 감자, 콩, 벼이삭, 더덕, 잔대, 칡, 버지랑, 머루, 다래 등 그야말로 여름철 산속에는 먹을 게 지천이었다. 골짜기 도랑에는 돌만 젖히면 가재와 개구리, 버들치도 있고 재수 좋으면 들꿩도 잡을 수 있으니, 살갯골이나 뒷띠전으로 갈때는 라이터나 성냥은 필수품이었다. 불이 손에 있으니 자연스레 새로운 놀이가 생긴다. 공연히 무성한 분나무나 오리나무 가지를 꺾어다가 모깃불도 피워보고 개구리 뒷다리도 구워보고, 가재도 구워보고. 그러다가 문득 제법 어른스러운 의견이 나왔다.

"우리 성냥도 있으니 담배 만들어서 피워볼까?"

그 당시 우리들 사이에 마른 쑥을 비벼서 종이에 싸면 훌륭한 담배가 된다는 상식쯤은 다들 알고 있었다.

그날의 소먹이 장소는 뒷띠전이었다. 돌고지에서도 물레방아 폭포를 지나 오른쪽으로 1km정도 더 들어가야 나오는 깊숙한 곳인데 그곳엔 나중에 섬버덩으로 이사 간 진택이네 집이 있었다. 그곳에 있는 단 한 가구 오막살이 초가집 손두열 아저씨네, 진택이 아버님이다. 손두열이란 이름 덕분에 자연스럽게 붙은 별명 "손(手)두 열, 발(足)두 열"

거기를 가면 항상 집 앞에서 부지런히 일을 하시고 계시는 진택이 아버님을 볼 수 있었다. 그럴 때면 큰소리로 '손두 열! 발두 열!' 하고 소리치곤 얼른 납작 엎드려 숨으며 친구 아버지를 놀리곤 했다.

저놈들이 돌고지 뒤집 몇째 아들놈인지도 뻔히 알고 계셨지만 짐짓 모른 채 대꾸도 안 하시면 우리는 좀 더 큰소리로 '손두 열! 발두 열!'을 외치고 숨기를 반복했다. 손뼉도 마주쳐야 소리가 나듯 부처님처럼 하해와 같은 마음을 갖고 계신 진택이 아버님께는 '손이 백, 발이 백'이더라도 반응이 없을 걸 알고는 그것도 금세 시들해졌다.

그러던 어느 날 '손두 열, 발두 열' 놀이가 재미없어진 우리 4총사는 다른 재밌거리를 찾았다. 우리한텐 불이 있으니 언제든지 불 피울 거리가 필요했다. 그중에서도 담뱃불 붙여보는 게 늘 소원이었다. 우리 넷은 부지런히 마른 쑥을 훑어서 비비고 호호 불어 먼지를 날렸다. 그런 다음 모아서 신문지에 돌돌 말아 담배를 만들었다. 금방 큼지막한 담배 네 개비가 만들어졌다. 사실 쑥담배 말고도 아카시아 뿌리 담배도 있지만 쑥담배에 비하면 독해서 좋아하진 않았다. 아까시나무가 홍수로 뿌리째 뽑혀 오랫동안 노출되면 뿌리가 바짝 말라서 하얗게 변하는데 부러뜨려보면 가락엿처럼 구멍이 숭숭 뚫려있어서 빨면 연기가 제법 나왔다.

뒷띠전 계단식 논가에 제법 커다란 소나무가 한 그루 있었다. 높이도 올라가기 만만하고 생긴 것도 꼭 괴목같이 따리를 튼 모습이라 네 명이 올라가 둘러앉아도 충분할 정도로 평평하게 넓었다. 그래서 그곳에 가면 항상 그 소나무 위에서 놀곤 했다.

그날도 각자 만든 쑥담배로 한참 담배 삼매경에 빠져 있었는데 바로 아래에서 낯익은 목소리가 들려왔다.

"담배 맛이 좋너?"

화들짝 놀라 나무 아래를 내려다 보니 거기에는 섬버덩 작은댁 아저씨께서 특유의 인자한 웃음으로 우리를 올려다보고 계셨다. 아저씨는 논두렁에서 꼴을 베고 계시다가 나무 위에서 올망졸망 노닥거리며 노는 모습과 가끔 연기가 뽕뽕 나는 걸 보고 무슨 일인가 해서 오신 듯했다.

내가 아주 어렸을 적 어느 겨울 따뜻한 오후에 월남전 파병생활을 마치고 군복입은 모습으로 돌고지 나무 보쌀을 건너 마른 논길을 걸어오시던 월남파병 귀향길의 작은댁 아저씨 모습 기억은 그때가 처음이었다. 그 전엔 작은댁 아저씨 존재조차도 몰랐던 어린 꼬맹이였다. 그 무덥고 낯설고 물선 월남에서 베트콩을 상대로 생사를 넘나드는 수많은 전투 속에서 살아오신 사나이 중의 사나이셨지만 정말 법 없이도 살아가는 천사표 마음의 소유자 작은댁 아저씨다. 그런 용맹스러운 아저씨가 머리에 소똥도 안 마른 놈들이 하는 꼬락서니를 보셨으니 얼마나 같잖았을까? 그래도 꾸중 한 번 안 하고 여유로운 웃음으로 대해주시니 역시 작은댁 아저씨는 사나이 중의 사나이셨다.

  그 후 중학교에 입학한 뒤로는 담배를 멀리했다가 본격적으로 담배를 배운 건 고등학교 2학년 여름방학이었다. 길수, 영준이랑 셋이서 텐트를 치고 장리 앞버덩에서 천렵을 했다. 말이 천렵이지 쪽대, 반두도 없이 그냥 냄비 하나 라면 몇 봉, 소주 대병 하나 그리고 길수가 가져온 담배가 전부였다. 그냥 텐트치고 라면에 소주나 마시는 게 천렵의 목적이었다. 그러니 텐트 치는 수고 외에 달리 할 일도 없었다. 텐트 치고 냄비 올려놓을 아궁이 만들고 분주한 가운데서도 입에 삐딱하게 담배 꼬나물고 일하는 길수의 모습이 너무 멋있어 보였다. 그때 이미 조숙했던 길수는 담배 고수가 되어있었고, 나랑 영준이는 길수의 속성 지도를 받았다. 이미 국민학교 소먹일 때 배웠던 담배라 익숙하기도 했지만, 워낙 숙달된 조교로부터의 족집게 교육이다 보니 습득 속도가 매우 빨랐다.

  1단계 담배 연기 삼키고 숨 참기, 2단계 삼킨 연기 콧구멍으로 내뿜기, 3단계 연기 내뿜으며 입술로 도너츠 만들기. 그 어렵다는 3단계의 스킬을 나와 영준이는 짧은 시간에 마스터했다. 이렇게 빨리 마스터 할 줄은 담배 고수 길수도 상상을 못했던 지 놀라움과 칭찬이 쏟아졌다.

"너희들처럼 단번에 마스터 한 애들은 지금까지 보지 못했다."
라는 칭찬에 신이 난 나와 영준이는 완전히 내 기술로 만들기 위해 각자 복습을 반복하였다.

나의 첫 담배는 은하수였다. 그러나 담배의 효과는 생각보다 컸다. 앉은 자리에서 두 대를 연거푸 피운 나는 두통과 메스꺼움에 그냥 토하며 한참 누워있어야 했다. 혹독한 담배 입문기였다.

18세에 담배에 입문하여 42세에 끝을 때까지 장장 24년 동안 나는 나의 폐를 혹사시켰다. 우연한 기회에 금연을 했지만 지나고 보니 정말 백해무익한 것이 담배다. 번거롭고, 냄새나고, 추접하고, 눈치 보이고, 건강 상하고. 이런 담배를 끊은 게 내 인생에서 가장 잘한 일 중의 하나다. 어느새 담배를 끊은 지 22년이 지났다. 담배 피운 기간만큼 금연을 해야 그동안 몸에 축적되었던 니코틴이 모두 제거가 된다고 하니 아직 2년이 더 지나야 할 거 같다.

다행히 아빠의 나쁜 선례 교육 덕분에 내 두 아들은 평생 담배를 입에 대지 않았다고 한다. 앞으로도 담배는 절대 손대지 않겠다고 얘기하니 고마울 뿐이다. 혹시나 우리 수동마을 아우님들 중에 담배 피우는 아우님들 있으면 묻고 싶다.

"담배 맛이 좋녀?"

돌고지 아이들

작은생골집 김금숙

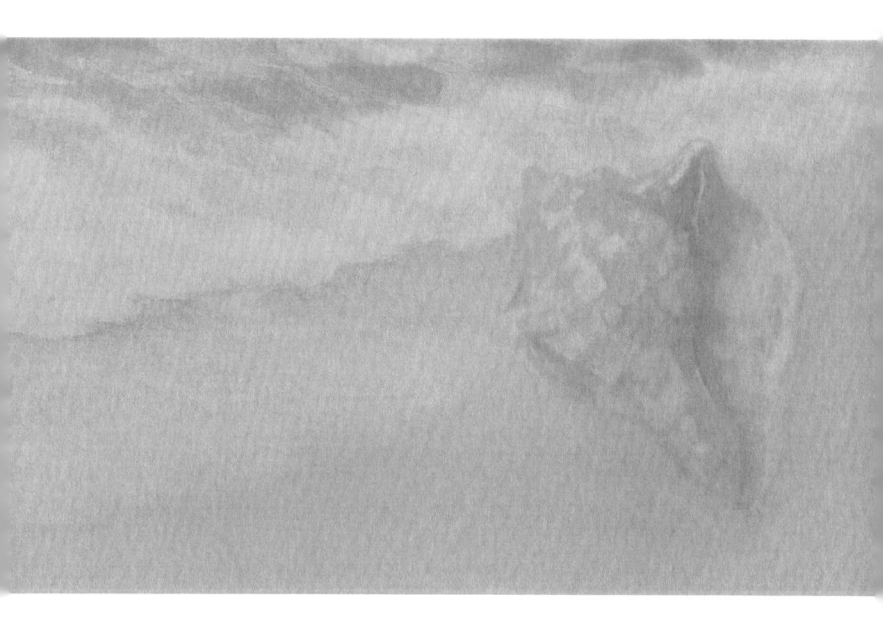

국민학교 다닐 때 돌고지 아이들은 한 오리쯤 걸어 다녔다. 비가 오지 않을 땐 주로 슴버덩 쪽으로 다녔다. 그 길은 개울을 세 곳 건너야 했고 맨 돌밭 길이었다. 그나마 쪽나무 다리가 큰물에 떠내려가고 없을 땐 맨발로 치마를 걷어 올리고 개울을 건너야 했다. 물이 많이 나가는 한여름엔 배룽길 한 사람이 겨우 갈 수 있는 그 좁은 꼬부랑길을 굽이굽이 걸어 다녔다.

그땐 요즘 학교처럼 급식을 하지 않았다. 대신 한남초는 시골학교라 그랬는지 1학년 입학하니 처음엔 네모난 커다란 옥수수빵을 나누어 주었고, 그러다 어느 날부턴 둥그런 빵을 나누어 주었다. 담임 선생님은 받아쓰기 해서 100점 맞은 아이들에겐 빵을 한 개씩 더 나누어 주었다. 모두 그걸 부러워했다.

그런 어느 날이다. 그때까지 말을 조금 더듬던 남조가

"서! 서! 선생님. 빠 빵 하나 더 주세요."

했다. 왜 그러냐고 선생님이 물었더니

"도! 도! 동생 갖다줘야 해요."

한다. 그래서 남조가 빵을 한 개 더 받았는지는 생각나지 않는다. 어쨌든 그걸로 점심을 대신하기도 했다. 그러다가 3학년 때부터는 건빵을 한 사발씩 나눠주었다. 빨락 봉지는 꿈도 꿀 수 없던 때라 우리 엄마는 집에 있는 자투리 천으로 형형색색 건빵 주머니를 예쁘게 만들어주셨다.

그땐 모두 벤또를 싸서 다녔다. 반찬이라고는 그저 벤또 한 귀퉁이에 밥 한 숟가락 퍼내고 고추장 쏙 담은 것이 전부였다. 우리 엄마는 보리고추장을 참 맛있게 담그셨다. 그래서 친구들은 늘 엄마의 고추장을 담아오라고 난리들이었다. 아침 학교에 가기 전 뒷마당 장독대에서 벤또에 고추장을 몰래 담아 갔다. 그 바람에 책가방에서는 항상 고추장 냄새가 났다. 그러던 어느 날 고추장이 줄어드는 것을 엄마가 알아채고 야단을 쳤다. 하지만 친구들이 우리 집 고추장 맛있다고 가져오라고 했다고 이야기하니 그때부터는 아무 말씀 안 하셨다.

공부가 끝나면 슴버덩 개울가 샘물에 옹기종기 모여 앉아 벤또에 고추장 물을 풀어 건빵을 넣고 흔들었다. 그렇게 퉁퉁 불은 건빵을 보며 양이 많아졌다고 좋아하며 맛있게 먹었다. 빈 건빵 주머니는 버덩에 널려 있던 율구랑 뽐으로 가득 채웠다. 먹을 게 없던 그때 최고의 간식이었다.

봄에 새싹이 올라올 때면 올라오던 뽐은 억새 싹이다. 통통한 싹을 쏙 뽑아 껍질을 벗기면 그 속에 보드라운 솜 같은 것이 들어 있다. 그걸 꺼내 여러 개를 씹으면 달짝지근한 맛이 났는데 계속 씹다 보면 마치 껌처럼 되었다. 그때는 껌이 귀한 때라서 우리에게 뽐은 최고의 간식이었고 다른 동네 아이들은 그걸 부러워했다.

여름이 가까워지면 들판에 널린 해당화 열매 율구를 따 먹었다. 아직 채 익기도 전에 푸르스름한 열매를 따서 씨앗을 파내고 먹으면 그 맛이 떨떠름했다. 제법 빨갛게 익으면 먹을 만했다. 지금도 가끔 길가에 율구가 보이면 그때 생각이 나서 먹어보곤 하지만 어릴 때 그 맛을 느낄 수가 없다.

무더운 여름이면 학교에서 돌아오자마자 책가방을 뜨럭에 휙 던져놓고는 삼삼오오 모여 마을 앞 개울로 갔다. 돌고지 살던 경우, 종숙, 동우 오빠 그리고 미순, 춘자 언니 순희, 춘희, 금희, 은희, 민우, 명기, 나, 명환이 삼촌 모두 남녀 구분 없이 헤엄치느라 날이 저무는 줄도 몰랐다. 앞버덩에서 '너는 아빠, 나는 엄마' 소꿉놀이도 참 재미있었다. 신나게 물놀이하다 빤쓰를 꾹꾹 짜서 머리에 뒤집어쓰고 놀다 보면 어느새 다 말랐다. 해가 뉘엿뉘엿 질 때쯤 나지막한 소나무 뒤에서 빤쓰를 입고는 집으로 돌아오곤 했다. 돌아보니 까마득한 옛날이다.

환갑이 지나니 무릎이 욱신거린다. 운동을 하려고 집 앞 실내 수영장에 다니게 되었다. 그 덕분인가 보다. 어릴 때 배운 그 개구리 헤엄으로 자그마치 1등을 했으니 말이다.

※ 수동말사전
1. 빨락종이: 비닐봉지   2. 배룽길: 벼랑 길
3. 빤스: 팬티   4. 율구: 해당화 열매
5. 벤또: 도시락의 일본말. -그때까지 일본식민지 때의 말을 많이 썼다.

두근두근 당봉실

뒷방집 김인자

요즘 누군가와 약속할 때는 전화나 문자로 소통하거나 자동차로 어디에든 갈 수 있지만 70년대는 지금과는 사뭇 다른 소통의 시대였다. 전화나 인터넷이 없던 시절, 약속을 잡기 위해선 '내일 몇 시에 어디에서 만나자'라는 게 전부였다. 소통은 느렸지만 그만큼 사람들 사이의 끈끈한 연결이 있었고 그 만남을 기다리는 설렘은 더 컸다.

내가 살던 아랫말 어귀엔 당봉실이 있었다. 당봉실 옆엔 종희 아재네 집이 있었고, 다리 건너엔 담뱃집이 있었다. 그곳엔 커다란 감나무 몇 그루가 그늘을 드리우고 있었다. 감나무 아래에는 마을 소식이나 선거 때 홍보물을 붙이는 알림 게시판과 4-H 표지석, 그리고 나무로 만든 철봉이 있었다. 그곳은 시장 가신 엄마를 기다리거나 등굣길 만나는 곳이었고, 여름이면 소 풀 먹으러 갈 때 남녀노소 불문하고 모이는 마을의 중심이자 추억이 담긴 장소였다.

학교 가는 길 친구가 5분 이상 늦으면 나는 감나무 아래 땅바닥에 나무 꼬챙이로 '쟁비, 인자, 애령 갔다!'라고 써놓곤 했다. 그 글씨를 본 친구들은 뒤이어 오곤 했다. 그렇게 학교로 가는 배롱길 모퉁이까지는 동네 언니, 오빠, 동생들이 줄지어 행렬을 이루었다.

엄마가 장에 가신 날이면 점심밥을 챙겨 먹은 우리들은 약속도 없이 하나둘 그곳으로 모였다. 각자의 엄마를 마중하기 위해서였다. 말이 좋아 마중이지, 속으론 '무얼 사 올까?' 하는 기대가 더 컸다. 이른 아침 엄마의 치맛자락을 붙잡고

 "엄마, 개눈깔 사와! 풀빵 사와!"

라고 주문을 했기 때문이다. 우리는

 "울 엄마가 더 많이 사 올 거야!"

라는 은근한 경쟁심을 겨루곤 했다. 그렇게 우리는 장에서 돌아오는 엄마를 기다리며 놀았다.

　당봉실에서는 돌고지로 꺾이는 배롱길 모퉁이까지 보였다. 장을 보고 오는 사람들이 나타나야만 공기놀이나 철봉에 매달려 놀던 우리들은 그제야 엄마가 오나 하고 눈 빠지게 쳐다보곤 했다. 앞버덩 정배네 과수원에 잠시 가려졌다가 도막지소에 나타나야 식별이 가능했다. 때로는 오인해 달려가다 윗동네 아주머니들이라는 사실에 멋쩍어지곤 했다. 그럴 때마다

 "우리 엄마 봤어유?"

 "우리 엄만 어디 와유?"

라고 여쭈면

 "느 엄마 소 장수가 잡아갔다. 뱃사람 따라 속초 가더라. 문둥이가 잡아갔다." 등등 그런 무서운 말들을 아무렇지도 않게 툭툭 던지고 가셨다. 공포에 질린 나는 4-H 표지석 뒤에서 눈물을 훔치기도 했다.

늦어도 엄마는 나타나셨다. 그제야 공깃돌을 집어던지고 냅다 달려가 치맛자락을 잡고 오는 길은 세상을 다 얻은 듯 환했다. 하지만 마루에 풀어 놓은 보따리에는 개눈깔은커녕 풀빵조차 없는 날이 허다했다. 찌그러진 풀빵이 된 심정이 된 나는 개눈깔 맛은 볼 수 없었지만, 엄마가 지어주신 저녁 밥상에 둘러앉은 것만으로도 안도했다.

당봉실!

그곳은 단순한 만남의 장소가 아닌, 우리의 꿈과 추억이 깃든 특별한 곳이다. 지금도 쉬는 날이면 가끔 유년이 숨 쉬던 그 길로 차를 몰곤 한다. 이제는 도로로 변한 그곳을 지나칠 때면 여전히 가슴이 설레고, 그 시절 우리들의 재잘거림과 웃음소리가 들리는 듯하다. 바람에 실려 오는 그리운 기억들, 친구들과 나눈 소소한 이야기들이 마음을 따뜻하게 감싼다. 시간이 흘러도 변하지 않는 그곳의 정취는 언제나 나를 어린 시절로 데려다준다. 다시 만날 수 없는 그 순간들이 그리워지는 지금도 당봉실은 나에게 여전히 특별한 의미로 남아있다.

※ 수동말사전
1. 개눈깔: 동그랗고 하얀 사탕

모내기하던 날

삼바리 오봉숙

어렸을 때 우리 집 모내기는 콩나물로부터 시작되었다. 지난해에 수확해서 보관해 두었던 메주콩을 엄마는 쌀 남박에 담아 물을 가득 부어둔다. 아침부터 물에 담가둔 콩은 저녁이면 콩 싹이 빼꼼히 얼굴을 내민다. 찰흙으로 빚어 만든 콩나물시루 옹기에 엄마께서 손수 짜신 무명 삼베옷의 자투리로 거름망을 깔고, 싹이 나온 콩을 넣은 후 하루에도 빛을 차단하며 여러 번 물을 뿌려주었다.

모내기 철엔 품앗이로 농삿일을 했다. 뽕 밭이 없는 엄마는 품앗이하는 시간을 제외한 이른 아침과 점심, 저녁에도 산 뽕잎을 따서 지게에 지고 오셨다. 그런 산 뽕을 먹고 누에가 실하게 자랐다. 누에를 팔면 개눈깔 사주신다고 백실집 수도에서 물을 길어다 물독에 채우라고 말씀하시며 품앗이를 나섰다.

드디어 내일이면 우리집 모내기를 하는 날이다. 내일 반찬으로 만들 잘 자란 콩나물을 시루에서 뽑아 뿌리를 다듬었다. 내가 콩나물 뿌리를 다듬는 동안, 엄마는 20㎏ 한 포의 밀가루를 반죽하셨다. 내일 동트기 전 모내기를 하시는 분들의 오전 잿놀이로 뜨끈한 칼국수를 드리기 위해서다.

육수랄 것도 없이 감자만 썰어 넣고 끓인 육수에 칼국수를 끓이셨다. 나는 점심에 꽁치 반찬을 담을 일회용 접시인 떡갈나무잎을 따다 놓고 십여 리 걸어 학교로 가기 위해 집을 나서 가둔지 고개를 넘었다.

같은 수리이지만 우리 집은 5반 삼바리였다. 전기가 들어오고 버스가 다니며 소년중앙을 보는 아랫말 친구들을 부러워했다. 그때까지 삼바리는 전기도, 버스도 들어오지 않았기 때문이다. 그런 삼바리에서 아랫말로 가는 길엔 비가 조금만 와도 떠내려가는 임시방편으로 만들어진 허술한 다리가 있었다. 통나무 두 개를 엇대어 엮어 다리 기둥을 만들고 그 위에 통나무 두 개를 나란히 깔아 아래를 내려다보면 어지러운 외나무다리다.

　모내기하는 날은 학교에 가기 싫었다. 모내기하는 집의 딸로서 가마솥 솥쨍이로 아이들에게 텃세도 부리며 고소함을 누릴 수 있는 특권을 맛보고 싶었기 때문이다.

　외나무다리를 건널 땐 차례대로 한 명씩 건넜다. 나는 언니 오빠들이 먼저 건너갈 수 있게 양보하는 척 맨 뒤에 서 있었다. 그러곤 겨우 두어 발을 내딛고는 바지만 젖을 정도로 폴짝 뛰어내렸다. 발을 헛딛어 물에 빠져 속상한 듯 풀죽은 연기를 하고는 그대로 집으로 되돌아갔다.

　'담임선생님이 출석을 부르겠지. 난 오늘 결석이다. 내일은 학교 가면 소쨍이를 나눠 먹어야지.'

하면서 집에 돌아가니 바지에서 뚝뚝 물이 떨어지는 모습을 본 엄마가 "어디 다친 곳은 없냐?"며 놀랬다. 엄마 일을 도우려 결석한 언니도 걱정스러운 눈빛으로 나를 살폈다. 국민학교 1학년이던 꼬마는 그렇게 모내기하는 날 학교를 가지 않았다.

오늘도 전화로 전해지는 내 목소리에 건강을 걱정하시며 예민하게 반응하시는 엄마가 있어 참 좋다. 해마다 봄이면 뽕잎 새순을 따서 나물을 만들어주신다. 뽕잎 반찬에 밥 먹으며 엄마랑 전화 통화가 길어진다. 언니가 퇴근해오면 엄마도 같이 밥 먹으려고 감자밥을 해놓으셨단다. 지금도 엄마와 언니는 옛날얘기 반찬으로 한솥밥을 드신다. 이번 주말 나도 함께 수저 들고 '그때는 그랬지' 이야기 반찬 먹으러 가야겠다.

콘 술을 이렇게 까가득 딸궜냐?

담뱃집 김응수

어디선가 뻐꾸기 소리 청아하게 울리고 물 건너 돌장방에선 할미새랑 종달새 지저귀는 소리가 간간이 들려온다.

시커먼 고무신에 여기저기 논흙이 묻어있는 허연 바지 적삼을 걸친 그 분이 가게로 들어섰다. 허리춤에 낫 한 자루를 손에 쥔 채 늘 뒷짐을 지고 다니시는데 오늘도 익숙한 발걸음으로 새집 할아버지는 내가 보는 담뱃집 점방으로 들어섰다.

애지중지 낫자루는 소중히 툇마루 끝에 놓는데 늘 그 자리에 그 모양새로 놓으셨다.

"웅수야이~ 아부지 어디 간? 여기 곱뿌술 한잔 내오거라! 짠지는 좀 안 시구운거 읍냐?"

새마을, 진달래, 5원짜리 봉담배와 필터가 있는 고급진 아리랑 담배도 팔던 담뱃집! 잔술을 팔고 김치를 술안주로 내어주던 그 시절이다. 전기도 없었고 냉장고가 뭔지도 모르고 김치는 부엌 구석진 곳에 단지 채로 놓고 먹던 때이다.

꽃무늬 오봉 쟁반엔 달랑 몇 쪼가리 건져낸 김치와 짝 안 맞는 젓가락 그리고 빈 곱뿌잔이 전부이다. 난 선반에서 반쯤 남아있는 댓병 소주를 내려서 요만한 곱뿌잔에 조심스레 술을 따랐다. 4홉들이 두 개 반이나 들어가는 댓 병이라 작은 잔에 졸졸 따르기엔 여간 집중하지 않으면 안 된다.

잔이 다 찼을 때쯤 할아버지는 슬며시 고개를 들어 먼 산을 보

시다가 갑자기 큰소리로

"햐아~! 모이 이렇게 까뜩 딸궜제야! 이걸 혼저 다 먹너? 나 원 참! 원 원~"
하셨다.

난 깜짝 놀라서 술병을 와락 안고서는 숨을 몰아쉬고 할아버지는 천천히 잔을 들어서 쪼로록 소리를 내면서 애껴서 두 번에 나눠 마셨다.

다음 날 그 시각 때쯤이면 어김없이 새집 할아버지는 드르륵 가게 문을 열고서

"응수야이~ 아부진 또 어디간? 어제 먹다 남은 거 한 잔만 더 내오거라! 짠지는 안 시구운거 움?"

어제 잔에 너무 많이 채웠다고 한마디 들었으니 오늘은 잔을 조금 덜 채워서 따라드려야지.

"야아~ 몬누머 술을 딸쿠다 말었너! 잔은 까뜩 차야 맛인데 이러문 맛이 나너? 어여 더 채워바라야~ 원 원. 이러케두 예산이 웁다!"
하셨다.

난 바짝 웅크려서 숨도 안 쉬고 나름 심혈을 기울여서 술을 넘칠락 말락 채웠다. 한 방울이라도 흘릴세라 할아버지는 조심스레 양손으로 잔을 들어 맛나게 비우고선 손등으로 쓰윽 입가를 훔치신다. 오늘도 짠지는 국물 채 다 잡숫고 낫을 챙겨설랑 가게 문을 나

서며 여지없이 코를 힝 푸시고는 발걸음을 옮기신다.

　어느 날엔

　"햐아~ 잠깐 안 본 새에 모이 이러케 마이 딸코낫너! 이걸 내가 다 멍? 참 나~ 이 귀한 걸 안 먹을 수도 읍구 원 원~"
하셨고. 어쩌다 기분이라도 좋은 날엔

　"야아! 뭔 술이 이러케 싱굽제야. 물에 술 탄 거 아이여? 여어 한 잔만 더 딸궈바라야."
하셨다. 아마 논물을 보러오는 구실로 기분 좋게 한잔 하시고 집에 가는 일과이신 것 같았다.

　늘 한 방울도 안 남기며 아쉬운 듯 잔을 내려놓으시고는

　"얼매너치너? 술값은 내 앞으루 달아 놔라이. 어흠!"
하며 슬며시 일어나셨다.

　어떤 때는 먼 산을 보는 척, 어느 날은 잘 있는 낫자루를 괜히 만지며 채워지는 술잔의 양에 따라 한마디씩 툭 던지며 나를 당황케 하던 기배 할아버지 속마음을 어린 소년은 도무지 알 수가 없었다.

　야들야들한 괴기와 가지런히 놓인 빠알간 자태의 김치가 입에 착 엥기는 잠실 보쌈집! 수동 물을 먹고 자란 그맘때 아이들이 만나면 무슨 얘기를 할까?

　삽준집 종득이, 둔지 영일이, 부개미집 박문이, 돌고지 영숙이 그리고 담뱃집 나.

수동 한마을에서 태어나 자라고서 때가 되어 구비구비 한계령을 용케도 넘었네. 이리저리 삶의 터전을 오가던 중 서울 땅에 입성하여 한자리에 모였으니 참으로 대단한 인연이 아닌가?

　우린 아야부가 다섯이고 수동 보추를 여기서 하는 셈이니 서울 보추라 이름짓고는 오늘 차지는 서로 하겠다고 우겨댔다. 다섯 깐부는 서로의 술잔을 따라주며 술상 머리 담소를 이렇게 시작한다.

　"야아, 몬 술을 이렇게 까뜩 딸쿼너? 이걸 다 멍너! 집에 어띠케 갈라구 그리너? 야덜이 당췌 메렌두 웂다야."

　뭔 누머 술이 말아 먹을 게 있다구 맥주가 거품을 내밈서 돌어댕기고 빈 쐬주병이 겁두 없이 나래비를 서고 칠쎄이가 지금도 있니 없니 술자리가 사뭇 지자해진다. 배룽길 땡삐집 앞에서 냅다 쌀리다가 어디를 몇 방 쏘여서 팅팅 부운 얘기부터 요통골에서 잇따만한 꺽지를 놓쳐서 아직도 못내 아쉬운 수동의 추억담은 2차 주점집에서도 산과 들을 넘나든다. 요다음 보추는 언제할까 논할 때 쯤이면 밤은 어둑해지고 저 달도 어느덧 육학년 중간 고개를 넘어간다.

　지하철이 끊길세라 휘청이며 발걸음을 재촉하는데 익숙한 목소리가 귀에 꽂힌다.

　"어어이, 쪼빗하게 한 잔 더 하구 갈라너?"

※ 수동말사전

1. 곱뿌: 컵
2. 딸쿠다: 따르다
3. 메랜두 없다: 엉망진창이다
4. 아야부: 단짝친구, 제일 친한 친구 정도의 뜻으로 영동지방 사투리
5. 나래비: 한 줄로 서기
6. 칠쎄이: 칠성장어
7. 쌀리다가: 달리다가
8. 안 시구운거: 시지 않은 거
9. 싱굽다: 싱겁다
10. 얼매너치너?: 값이 얼마야?
11. 지자해진다: 시끄러워진다.
12. 돌장방: 자갈이 많은 들판
13. 어디 간?: 어디 갔어? - 양양 사투리는 종결어미를 생략하는 경우가 많다.

방깐집 막내 복순

방깐집 김복순

우리 아버지는 방앗간을 하시다가 천수, 흥수, 복동, 복자, 복순 오 남매를 두고 위암으로 돌아가셨다. 그때 당시 큰오빠는 군대에, 작은오빠는 중학생, 큰언니는 국민학생, 작은언니는 7살, 막내인 나는 겨우 2살이었고 엄마는 40살이었다. 방앗간을 어린 자식들에게 물려줄 수 없어 둘째 큰집이 방앗간을 맡아 하기로 했다.

나는 아버지 얼굴도 모르고 사진으로만 볼 수 있었다. 사진으로 보니 큰오빠와 똑 닮았다. 하긴 큰오빠와 나는 21살 차이 나니 아버지나 마찬가지다. 그래서 그런지 아버지가 그립거나 그런 걸 모르고 자랐다.

우리 집은 늘 사람들로 북적거리는 동네 사랑방이었다. 밤마다 큰집 큰엄마, 둘째집 큰어머이, 담뱃집 작은엄마, 작은집 할머니, 원일아집, 배깥말집, 월둔집, 제골집 돌고지 작은댁 할머니, 동네 집안 할머니들은 번갈아 가면서 주무셨다. 나는 할머니들이 오면 너무 좋아서 빙글빙글 춤을 추면서 조잘조잘 말하는 장난감이 되었다. 할머니들의 다리를 만져보고는 말랑말랑하면

"이 할머니 다리는 썩었네. 이 할머니는 아직 덜 썩었네!"
를 외쳤다. 그런 나를 할머니들은 나반조사라 했다.

사랑방에는 아재들, 오빠들로 가득했다. 아재들 손에서 이 손 저 손에서 따따따를 하며 귀여움을 독차지했다. 어떤 날은 아재 배에 올라앉아 놀다 보면 오줌을 싸기도 했단다.

해마다 정초에는 집안의 안녕을 위해 텃제사를 지냈는데 처마

밑에 소나무를 꽂아두는 3일 동안은 아무도 집에 오지 않는다. 그러면 나는 심심해서 소나무 빨리 빼라고 엄마에게 투정을 부렸다. 성품이 좋고 착한 엄마 덕분에 사람들로 북적거려서 어린 시절 나는 외롭게 자라진 않았다. 그런 내가 어느새 60이 되었다. 방앗간을 안한지 60여 년이 지났는데도 나는 여전히 영원히 방깐집 막내다.

방앗간을 지나며

뒷방집 김숙자

홀로 계신 엄마께서
요즘 통 입맛이 없다고 하셔서
임금님표 이천 쌀을 사다 드렸다.
엄마는 쌀독에 옮겨 담으시며
쌀 냄새도 좋고 색도 뽀얀 게 빛깔부터가 다르다며
예전의 기억 하나를 꺼내셨다.

일 년에 한 번 방아를 찧어 먹던 그 시절,
쌀벌레가 자주 난다고 엄마께서
투정을 부리자,
아버지는 정미 기계를 하나 사서 그때그때
햅쌀로 찧어 먹자고 하셨다 한다.
육촌이 방앗간을 하는데 어찌 그러느냐고
엄마한테 혼났던 아버지는
쌀 한 가마니쯤은 번쩍 들어 올리던
면에서 제일 가는 씨름 장사였다.

여느 아버지들과는 남달랐던 골격 탓인지
내 친구들은 아버지가 무섭다고 했다.
투박하고 강한 인상과는 달리
섬세하고 감성적이었던 아버지는

장남인 외아들 오빠에게만 예외였고,
딸들에겐 참 자상하셨다.
그렇게
기골이 장대하고 힘이 세서 늘 든든했던
아버지가 장승처럼 쓰러지던 날
쿵!
내 안의 기둥 하나도 내려앉았다.
비 오던 어느 날
우연히 시골길을 지나다 발견한 녹슨 방앗간.
심장이 멎은 지 오랜 듯 보였지만
아버지를 만난 듯 반가워
자꾸만 고개가 돌아갔는데,
내린 비 탓인지 눈앞이 흐려져 몇 번 눈을 깜박거리는 사이
방앗간은 순식간에 시야에서 멀어져가고
갑자기 가슴이 콩닥콩닥 뛰며
익숙한 소리가 들리기 시작했다.

"시쿠탕 시쿠탕 탕탕탕탕탕!"

드디어 시동이 걸리고 연이어
방앗간 기계 돌아가는 소리가

마을을 벗어날 때까지 한동안 환청으로 들렸고,
왁자지껄한 사람들 속에 나의 아버지도
그때의 그 건장한 모습으로 거기에 계셨다.

방아를 찧던 날은
온 동네가 잔칫날처럼 들썩였다.
아무튼,
홀로 계신 엄마께서
맛있는 햅쌀로 집 나간 입맛도 되찾고,
가끔 이렇게 아버지도 떠올리시며
지금처럼 우리 곁에 오래오래 계시기를 바라 본다.

방앗간집 사위 되기

방깐집 막내 사위 정창교

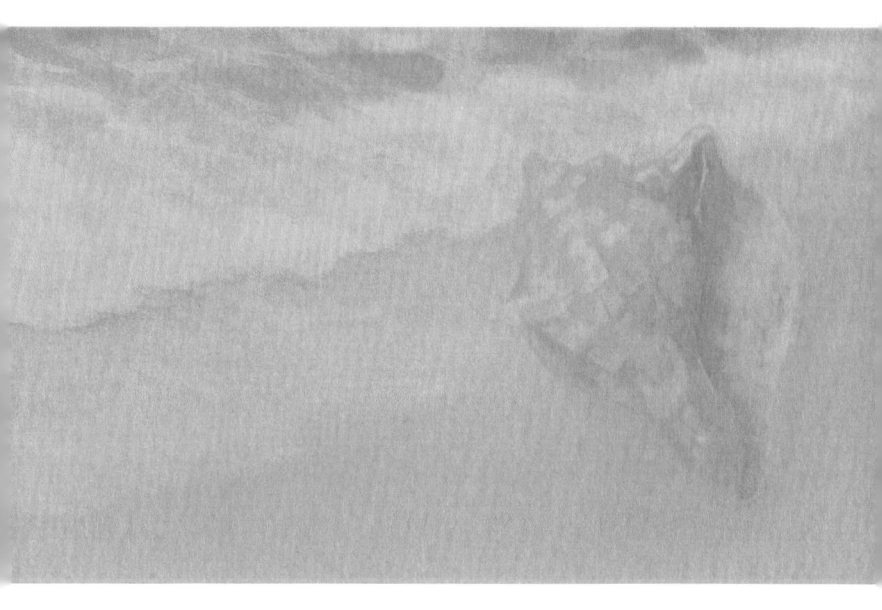

1991년 설날, 사랑하는 반쪽을 얻기 위해 설렘과 긴장의 무게를 가슴에 안고 처갓집이 있는 수리로 떠났습니다. 지금은 하늘나라 천사로 계신 장모님(진덕녀 여사)께서는 당시 담석증으로 서울 국립의료원에서 수술을 받고 입원하여 회복 중이셨습니다. 서울에서 직장 생활을 하던 저는 방앗간집 막내 사윗감으로 인정받기 위해 병원에 자주 찾아뵙고, 집안 어른들께도 나름 점수를 따 놓았습니다. 아내는 어머님 간호로 서울 병원에 남아 있고 저 혼자 처갓집 가는 길에 대한 설명 듣고 초행길을 무작정 떠났습니다.

어느덧 해가 저물고 어두워질 무렵 '돌고지'인지 '돌곶이'인지 정확하지 않지만, 그 돌고지 하천에 도착했을 때 상상도 하지못한 큰 난관이 기다리고 있었습니다. 그 전 해에 일어난 큰 장마로 다리가 떠내려갔는데 그때까지 수해복구가 되지 않아 다리가 없었던 것입니다.

난감한 저는 둑 입구에 멈춰서서 한참을 멍하니 하천 넘어 불빛을 보면서 건너갈 방법을 찾고 있는데 차 한 대가 뚝방 옆길로 우회하여 거침없이 물 위로 능숙하게 건너가는 것이었습니다. 어두워서 제 눈엔 보이지 않던 길이 있었던 겁니다. 저도 그 차를 따라서 하천에 진입하였습니다. 그런데 반쯤 건너갔을 때 허물어진 돌에 걸려 제 차가 물속에 빠져 버린 것입니다. 바퀴 밑에 돌도 받쳐보구 전진, 후진을 반복하다가 바퀴는 점점 차가운 물 속 깊이 잠겨 버리고 말았습니다. 그 난리 통에 사랑하는 이와의 증표인 약

혼반지도 개울물에서 잃어버리고 말았습니다.

할 수 없이 모든 걸 포기하고 저 멀리 보이는 불빛을 향해 무작정 걸었습니다. 온몸이 얼고, 바람은 어찌나 세던지. 그렇게 물에 흠뻑 젖은 생쥐꼴을 한 제 모습을 보고 마중 나오신 집안, 동네 어른들께서 안쓰러워 하시며 저를 따뜻하게 반겨주셨습니다.

결혼 승낙을 받기 위해 머릿속에 그렸던 여러 상황들은 따뜻한 아랫목 이불속에서 얼었던 몸과 함께 녹아내리고 그렇게 수동 방깐집 사위가 되었습니다.

지금 와서 생각해 봐도 참 힘들었던 기억이지만 이제는 사랑의 결실인 아들, 딸에게 '라떼는 그랬다'라고 웃으면서 들려주는 행복한 추억이 되었습니다.

밭을 갈면서

원일아집 김동수

봄이다. 곧 농사가 시작되는 때라 얼른 밭을 갈아야 한다. 밭을 가는 게 조금 늦으면 우리 어머니가 하도 성화를 부려서 시간을 쪼개서라도 빨리 일을 마쳐야 한다.

어렸을 때, 아지랑이가 하늘하늘 피어오르던 따스한 봄날이면 우리 아버진 누런 암소에 쟁기를 지워서 밭도 갈고 논도 갈고 그랬는데. 우리 집뿐만 아니라 마을 군데군데 소들이 논밭들 가느라 부지런히 움직이는 모습들이 그야말로 볼만했다. 사방에서 소를 끄느라 '이려! 이려!' 하면서 흥얼거리는 그 소리가 그대로 아름다운 노래였다. 흔히들 말하는 한가롭고 평화로운 농촌 모습 그대로였다. 그런데 언제부터인가 이런 모습들은 볼 수가 없게 되었다. 소들이 느릿느릿하게 논밭 갈던 것들은 힘 좋은 경운기가 그 자리를 대신해 버렸기 때문이다. 그때부터 들판에서 산골짝 비탈밭에서 들려오던 소들의 '움머' 하는 소리와 어른들의 정겨운 노랫소리가 경운기의 '탕탕'거리는 소리로 바뀌었다. 기계로 일을 하니까 일도 빨라지고 쉽게 되었지만 아직도 어린 시절 그 모습들이 아련한 그리움으로 남아있다.

처음 동네에 경운기가 들어왔을 때 이런 일이 있었다고 한다. 돌고지 종숙이 아재네 아버지께서 경운기로 논을 갈다가 멈춰야 하는데 브레이크를 잡지 못하고 '와! 와!' 이렇게 소리치셨다고 한다. 아직 경운기가 익숙하지 않을 때라 소를 몰던 때처럼 그렇게 소리를 지르신 것이다. 세상이 바뀌면 이렇게 적응하는 데 한참이

걸리는 건 예나 지금이나 한결같다.

  어쨌든 난 소로 밭을 갈아 본 적은 한 번도 없다. 우리 집 논은 다른 사람에게 빌려주어서 부치게 하고 밭농사만 짓기 때문에 경운기는 필요가 없다. 작은 관리기를 가지고 밭을 갈아도 충분하기 때문이다. 해마다 밭을 갈 때면 난 맨발로 일을 하곤 한다. 따스한 봄날 밭을 갈면서 맨발에 느껴지는 그 폭신한 느낌이 얼마나 좋은지 모르겠다.

  지난 일요일부터 일을 시작했는데 밭이 제법 넓기도 하고 내가 이런저런 일로 바빠서 하루 종일 일을 할 수 없기에 아침마다 밭을 조금씩 갈아야 한다. 그래서 오늘도 5시쯤 일어나서 두 시간쯤 일을 했다. 일을 하다 보면 불어오는 바람이 살갗을 스치는 게 너무 포근하고 부드럽다. 시간이 지나면서 조금씩 밝아오는 동쪽 하늘과 나날이 연둣빛으로 달라지는 산골짜기 모습들은 또 얼마나 예쁜지. 이런 건 새벽 일찍 일해보지 않고는 느낄 수 없을 것이다. 이런 작은 기쁨에 난 아직 수리를 떠나지 못하고 이곳에 산다.

배롱길

꼬댕이집 김순복

장날이면 아침 일찍 엄마는 쌀, 콩, 보리 등 팔 거리를 보따리에 싸서 머리에 이고 가셨다. 십 리 길이 넘는 읍내 오일장 가서 물건을 팔아 장을 봐서 보따리에 이고 또 십 리 길 굽이굽이 걸어서 오셨다.

내 나이가 8살에서 9살쯤인 것 같다. 지금처럼 시계가 있을 때가 아니라 해가 서쪽 산머리에 있을 때면 엄마가 장에서 돌아오는 것으로 짐작했다. 그동안은 친구들과 고무줄놀이, 땅따먹기, 말타기 등을 하고 놀다가 엄마가 장에 간 친구들과 함께 마을에서 가장 잘 보이는 종희 오빠네 집 옆 당봉실로 달려간다. 엄마가 언제 오나 목 빠지게 기다리다 보면 저 멀리 돌고지 배룽길 모퉁이에 엄마들 모습이 보였다. 그럴 때면 아이들은 모두가

"야! 우리 엄마다!"

"야! 니네 엄마다!"

하며 소리를 질렀다.

어린 나이에도 멀리에서 보이는 엄마 모습을 잘 알아보았다. 당봉실에서 엄마를 반갑게 만나 들뜬 마음으로 집으로 들어가면 제일 먼저 '꽁꽁 동여매진 장 보따리 속에는 무엇이 있을까?' 궁금했다. 그런 순간은 너무 마음이 설레었다. 어린 내게 엄마의 장 보따리는 보물 상자였다. 엄마가 풀어놓은 보따리 속에서 강냉이, 예쁜 옷, 신발 등이 나오면 너무 좋아서 강아지처럼 껑충껑충 뛰었다.

그런 엄마, 아버지가 어느새 88세, 92세다. 다행히 아직도 살아계시기에 부모님을 뵈러 갈 때마다 돌고지 배룽길 모퉁이를 지나면 나도 몰래 입가에 미소가 지어진다.

옛날 그 배룽길이 자동차가 다니는 포장길로 바뀌었지만 아직도 내 마음속엔 어릴 때 그 배룽길이 눈에 선하다. 그런 아름다운 추억이 있어 내 고향 수리는 늘 포근한 엄마 품 같기만 하다.

버덩 잠

안예집 김주수

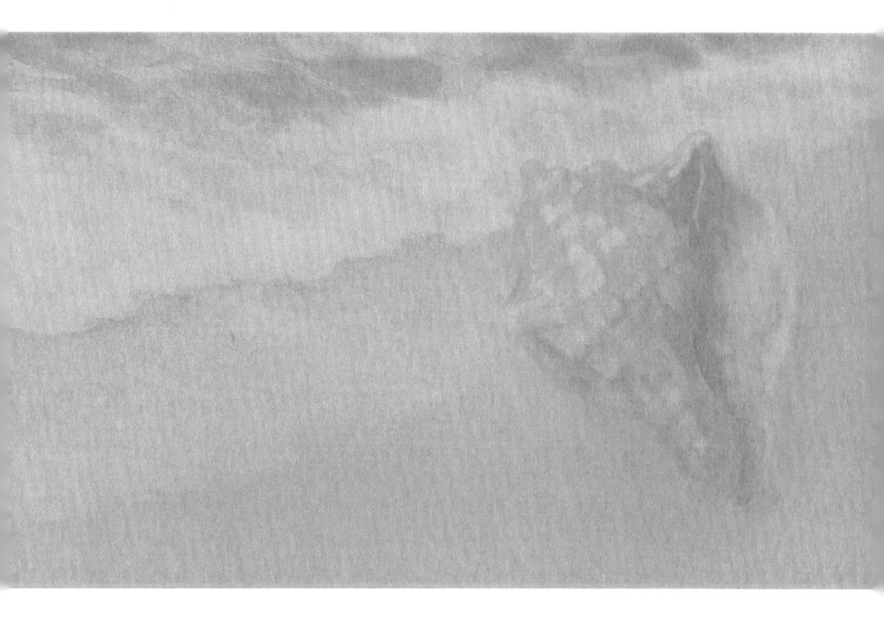

세상을 온통 삼킬 듯 대지를 뜨겁게
달구던 태양이 마을 뒷동산으로
살포시 넘어갈 즈음에
저녁을 게 눈 감추듯 먹는 둥 마는 둥 하고
달랑 이불 하나 베개 하나
옆구리에 저마다 하나씩 끼고
물 건너가는 길목에 쌔까맣게
탄 녀석들이 하나둘씩 모여들었다.

물 건너가는 길
지금이야 온통 풀밭으로 변했지만
그 시절엔 온통 자갈밭이었다.
적당한 곳에 자리 잡아
잠자리를 평평하게 고르고 난 다음
너나 나나 할 것 없이 홀딱 벗고
개울가로 풍덩 뛰어들 때의 그 시원함이란.

그 다음엔 누가 말할 것도 없이
동네에 하나밖에 없었던
꼬댕이집 과수원으로 슬며시 발걸음을 옮겼다.
지금 생각해 보면

일부러 과수원을 지키지 않은 주인댁에
고마울 뿐이다.
먹을 것이 귀한 시절이라 일부러 배려해 준 것이리라.
잘 익은 자두를 한 움큼씩 주머니에 가득 담아
자연이 준 세상에서 제일 편한
돌침대에 하나둘씩 자리 잡고
눈에 다 담고도 모자란
별꽃이 가득 핀
밤하늘을 바라보며 이야기꽃을 피웠다.

부모님에게 혼났던 일
학교에서 선생님에게 꾸중 듣던 일
도란도란 웃고 떠들다 보면
어느새 하나, 둘씩 잠으로 빠져들었다.

깜깜한 밤에 혼자 잠에서 깰때면
어찌나 무섭던지 등골이 오싹했다.

해가 중천에 뜬 것도 모르고 자다 보면
"야! 이놈들아. 어여들 일어나 밥들 먹으러 가야지!"
소 먹이러 가는 동네 어르신 호통에 놀라

하나둘씩 지난밤을 아쉬워하며 일어났다.
이따가 저녁에 다시 만날 것을 약속하고
매미 소리로 가득한
푸른 마을 속으로 하나둘씩 사라져갔다.

복숭아

돌고지 이순희

50대 후반의 어느 봄날, 고향집 뒷산에 올랐다. 이제 막 피어나기 시작한 연분홍빛 진달래 꽃망울과 연두색 찔레 순, 언제나 그 자리에 버티고 서있는 소나무를 사랑스럽게 바라보았다. 저 아래 내려다보이는 논과 밭, 남대천 물줄기를 보니 어린 시절 추억들이 떠올랐다. 이런 추억들은 자연과 생명을 애처롭게 바라보는 나의 풍부한 감성의 자산이 되었다. 나의 유년기와 소년기는 돌고지의 자연과 더불어 성장한 것이다.

잘 키운 복숭아를 팔아야 돈이라도 만져볼 수 있으니 아버지, 어머니는 봄부터 과수원 일로 바쁘셨다. 그래서 항상 일손이 부족했다. 봄이면 아버지가 복숭아나무 전지를 하고 나면 언니와 나는 바닥에 수북이 쌓여 있는 나뭇가지를 모아놓는 일을 해야만 했다. 그 넓은 밭에 빨갛게 물오른 복숭아 가지가 쫙 깔려있는데 어린 우리가 하기에는 너무나 벅찬 노동이었지만 착한 딸들은 인내하며 매년 봄마다 그 일을 완수했다.

복사꽃이 환하게 필 무렵에는 힘든 일도 모두 잊고 열매가 맺는 기쁨을 맞이했다. 먹을 게 없던 때라 아직 채 익지 않은 풋복숭아는 간식거리로 충분했다. 그때 아이들이 풋과일을 먹고 배탈이 나기도 해서 학교 주간 생활 목표 정하기에서 '풋과일을 먹지 말자'라는 안건이 자주 나오기도 했다.

복숭아가 무르익는 여름이면 더 힘든 노동이 기다리고 있었다.

오후 두 시부터 뜨거운 태양을 오롯이 받으며 부모님이 따낸 복숭아를 바구니에 담아 옮기는 일을 반복해야 했다. 과수원 일을 하지 않는 또래들의 멱감는 소리가 그렇게 부러울 수가 없었다. 서너 시간 걸려 따낸 복숭아는 산더미처럼 쌓인다. 온몸은 땀으로 흠뻑 젖고, 복숭아털은 땀과 범벅이 되어 따끔거리지만 참아내며 일을 했다. 모아놓은 복숭아는 선별 작업을 하고, 어머니는 가장 상품 가치가 높은 복숭아부터 커다란 둥근 고무 대야나 스텐 대야에 보기 좋게 담아 보자기로 싸서 묶는다. 그렇게 담아진 대야와 상자가 나란히 놓인다. 벌레 먹거나 상처 난 복숭아는 배고픔을 잊게 해주는 가족의 먹거리이자 간식거리가 되었다. 일이 끝나면 늦은 저녁이 된다. 마당에 멍석을 깔고 화로에 모깃불을 붙여놓고 가족이 둘러앉아 저녁 먹을 준비를 한다. 다른 때보다 복숭아를 판 돈이 있는 조금은 여유로운 여름이지만 우리 가족의 저녁 찬은 푸짐하지 않았다. 손칼국수나 팥투생이, 감자밥에 자반고등어를 먹을 때도 있었는데 감자를 툭툭 으깨어 물에 말아 자반고등어를 얹어 먹는 날은 입이 거뜬했다.

  저녁을 먹고 어두워지면 동네 어른과 아이들이 냇가로 목욕하러 갔다. 뜨거운 햇살에 달구어진 미지근한 물에 몸을 씻고 나면 그렇게 시원할 수가 없었다. 어떤 날은 작은 이불 한 개씩 들고 버덩 잠을 자러 가기도 했다. 버덩 잠은 자연이 주는 상쾌함을 온몸으로 느낄 수 있는 즐거움이었고, 동네 또래들과의 친밀감을 쌓

아주던 멋진 추억이다. 그리고 무더운 여름밤 냇가에서 목욕하기와 버덩 잠자기는 내게 복숭아털로 따끔거리는 피곤함을 싹 씻어주는 최고의 방법이었다.

복숭아를 양양 읍내 장터까지 운반하는 수단은 시대에 따라 변화했다. 언니, 오빠가 중, 고등학교 다닐 때는 아침 등굣길에 언니는 머리에 복숭아를 담은 대야를 이고, 오빠는 등에 짊어지고 부모님과 함께 읍내까지 갔다고 한다. 그때만 해도 배룽길은 겨우 한 사람 지나갈 정도로 좁은 산길이었다.

국민학교 때 우리 마을 사람들이 직접 큰길을 닦았다. 그 뒤부터는 마을에 버스도 다니게 되었는데 아버지는 복숭아를 리어카에 싣고 구불구불 가파른 배룽길을 따라갔다. 십 리가 넘는 길을 아버지는 앞에서 끌고 나는 뒤에서 밀면서 갔다.

한참 뒤 경운기가 생겼다. 경운기가 생겨 더 빨리 갈 수 있지만 부모님은 좋은 자리를 차지하기 위해서 늘 새벽 일찍 읍내로 복숭아를 싣고 가셨다. 그렇게 힘들게 번 돈으로 평생 우리 4남매를 뒷바라지하셨다.

지금도 나에게 복숭아 과수원은 새벽부터 밤늦게까지 가족의 생계를 위해 헌신하시던 우리 아버지, 어머니의 큰 사랑이자 내 고향을 상징하는 그리움이다.

사부곡

작은 꼽장골집 김만옥

어린 시절을 통째로 옮겨다 놓을 수도 없고, 영사기 돌아가듯 기억 속의 수 많은 풍경들이 쉴 새 없이 돌아가는데 아버지가 떠 오른다. 내 모든 추억 속에는 늘 아버지가 계신다.

우리 아버지 김자 춘자 식자.

"강원도 양양군 서면 수리 5반 김춘식은 허가 난 놈이여. 으떤 놈도 날 못 근드래. 난 아주 빳빳하거덩."

아버지의 청춘은 늘 취중이셨던 것 같다. 구호처럼 외치시던 '허가 난 놈'의 뜻을 스무 살이 넘어서야 겨우 공감해 드릴 수 있었다.

열세 살 전쟁통에 할아버지를 잃고 외아들로, 게다가 한쪽 다리엔 장애를 가진 채로 농경사회에서 살아내시려니 요즘 말로 쎈 척을 하신 거였다. 그러나 아무리 취하셨어도 평생을 육 남매에게 매 한 차례 때리지 않으셨다.

여름 장마에 삼바리로 가는 외나무다리가 끊어지고 큰 나무토막들이 성난 황토물 위로 쏜살같이 떠내려가고 있었다. 우산이 귀하던 시절이라 비닐을 망토처럼 둘러쓰고 아버지를 따라 물 구경을 했다. 세찬 물살을 바라보면 어지러웠다. 강바닥에선 큰 돌들이 굴러가느라 쿵쿵 소리가 났다. 비 맞지 말고 들어가라 하면서도 비에 퉁퉁 불은 손으로 겁먹은 딸의 손을 꼭 잡아주셨다. 행여 발을 헛디뎌 물살에 딸을 빼앗길세라. 사납던 빗줄기가 잦아들면 아버지는 반두를 들고 나가셨다. 나는 양동이를 들고 아버지를 졸졸 따라갔다. 큰 물에 놀란 물고기들이 개울 가장자리로 모여드는데 반두로 서너 번 훑으면 민물 새우를 비롯해 온갖 물고기들로 금세 양동이가 가득 채워졌다. 잡아 온 물고기를 손질하는 것도 아버지 몫이었다. 엄마는 텃밭에서 벌레 먹은 구멍 숭숭 뚫린 배춧잎을 뜯고 정지 밖 제피나무를 훑고, 무쇠솥에 불을 지피고 분주했다. 아비새와 어미새가 물어 온 먹이를 먹으며 올망졸망한 우리들은 배가 불렀고 뼈가 자랐다.

겨울은 요즘보다 길고 추웠다. 아버지는 농한기라고 한가하게 손을 놓고 계시지 않았다. 사랑방에서 새끼를 꼬거나 가마니를 짜기도 했고 눈밭에 덫을 놓아 연신 산토끼를 잡아 오셨다. 새벽 잠결에 할머니와 엄마는 소여물을 끓이면서 무슨 할 말이 그렇게 많은지 끊임없이 '속닥속닥, 하하호호'하면서 고부갈등이라곤 하나도 없는 듯 즐거운 겨울 아침을 열었다. 밥이 뜸 드는 냄새가 솔솔 나고 솥뚜껑이 '드르륵' 열리는 소리가 났다. 부엌 한쪽 마구간에 선 여물 내를 맡은 암소가

"크허! 크허!"

소리를 내며 발길질을 했다. 아버지는 밖에서 바짝 언 토끼 껍질을 벗기고 도끼로 토막을 내시는 것 같았다. 끔찍하다고 생각하면서 다시 스르르 잠이 드는데

"모두 일어나 밥 먹어라!"

할머니의 들뜬 목소리와 함께 토끼 두루치기 한 상이 차려지는 게 겨울 아침에 자주 본 풍경이다.

아침 밥을 먹은 뒤 아버지는 엄마가 싸주시는 향구를 망태기에 넣고 복령을 캐러 가셨다. 지금 생각해 보면 옷도 허술하던 시절 눈 덮인 산을 헤매며 언 땅을 찌르고 다녔을 아버지의 아픈 다리는 얼마나 고단했을까? 가슴이 턱 막힌다.

무더위가 계속되는 여름밤. 가둔지 아버지들은 삼바리 모래장판으로 버덩 잠을 자러 가시곤 했다. 지게 위에 멍석을 말아 지고 그 위에 아이들을 태우고 한 줄로 개울을 건넜다. 혹여 미끄러질까 봐 모두들 말이 없었다. 지게 위 아이들도 숨을 죽이고 지겟머리를 꽉 움켜잡았다. '철퍼덕! 철퍼덕!' 물가르는 소리만 한여름 밤의 정적을 깨웠다.

아버지의 저는 다리 때문에 난 한 걸음 떼어놓으실 때마다 물속에 박힐 것 같아 마음이 조마조마했건만 속 모르는 미자 언니는
"만옥아 닌 재미있겠다. 니네 아부지가 찔럭찔럭해서."
했다.

달빛과 별빛이 흐드러져 물 위엔 현란한 윤슬이 반짝거리고 아버지들의 밤 행렬은 마치 군인들의 야간 도하작전 같았다.

무사히 강을 건너면 아이들에게 백사장 달리기도 시키고 노래자랑도 시켰다. 아이들이 학교에서 배운 동요를 부를 때 나는 아버

지가 술 드시고 자주 시키던 이미자의 섬마을 선생님을

"해~당화 피고 지는 서~엄 마~을~에~, 철새 따라 찾~아~온 초~옹 가~악 서~언 새~앵님~"

간드러지게 부르곤 했다.

까마득한 날들이 지났어도 어제 일처럼 생생하게 기억되는 것은 내 마음에 살아계신 아버지가 있기 때문이다. 남들은 술 많이 드시고, 다리를 절던 아버지로 기억하겠지만 나는 안다. 아버지는 지독히 외로워서 취하셨고 그래서 우셨던 것을. 지금은 천국에 계실 아버지에게

'당신은 최선을 다하셨어요. 허가받으신 분 맞아요'라고 마음속으로 '훌륭한 아버지 허가증'을 드린다.

※ 수동말사전
1. 항구: 1) 군대 반합
   2) 현대육군의 개인 식기
   3) 영어 'hanger'를 일본식 한자로 부른 것이라는 말도 있음

서낭당

원일아집 김동수

우리 마을 한가운데 아주 오래전부터 내려오는 서낭당이 있다. 서낭당 하면 대개 큰 소나무나 느티나무를 신목으로 하는데 우리 마을엔 특이하게도 아까시나무와 졸참나무가 그 역할을 대신하고 있다.

우리가 어렸을 땐 나무 기둥에 판자를 두르고 검은 기와를 이고 있었다. 세월이 지나 기둥 나무가 썩어 지붕을 버티지 못할 지경에 이른 어느 해 관리하기 편하다는 아주 현실적인 이유로 시멘트로 만들어 우스꽝스러운 모습으로 마을 가운데 버티고 있다가 최근에 다시 큰돈을 들여 다시 한옥 형태로 지었다.

어쨌든 서낭당은 아주 신성시해서 상여도 마을 안길을 통해서는 갈 수 없었고 심지어 말도 다닐 수 없었다고 한다. 말편자가 쇠붙이라 지나가면 부정을 탄다고 여겼기 때문이다. 그래서 상여도 마을 멀리 개울가 쪽으로 비켜 다녔다. 그렇게 서낭당은 오랜 세월 우리 마을의 수호신을 모시고 있다.

아직도 우리 마을에선 해마다 추수가 모두 끝난 음력 10월 좋은 날을 받아서 제사를 지낸다. 일종의 추수 감사제다. 예전엔 제사를 지낼 때 농악도 울리고 했다는데 어느샌가 사라져 버린 풍습이 되었다.

제사를 지내기 위해 집집마다 햅쌀 한 됫박씩 모으고 그것으로 떡도 만들고 제수를 마련했다. 아무도 다니지 않아 부정을 타지 않는 첫새벽 4시에 마을 대표들이 모여 이장을 초헌관으로 마을 수호신에게 정성스럽게 예를 올렸다. 그리고 마을에 사는 모든 성씨마다 안녕을 기원하는 소지를 불사르고 특이하게도 소나 돼지 같은 짐승들을 위해서도 소지를 올린다고 한다.

제가 끝나면 징 소리를 크게 한 번 울린다. 이른 새벽 징 소리가 들리면 아이들은 얼른 옷을 챙겨입고 논둑을 내달려 갔다. 제수를 마을 사람들이 골고루 먹을 수 있도록 몫을 나눈다. 비록 하얀 백설기 한 뭉텅이와 사과, 배 한두 조각이지만 아직 따끈한 온기가 남아있는 떡을 받아오는 것은 아이들의 몫이었다. 그런 음식을 나누어 먹으면서 부정을 타지 않고 건강하게 살아갈 거라는 믿음이 있었다.

음력 정월이면 집집마다 텃제사를 지냈다. 붉은 팥시루떡을 쪄 놓고 부엌 조왕신에게 예를 올린다. 이때 제는 할머니 몫이었다. 하얀 소지에 불을 사르고 식구 한 명 한 명의 이름을 부르면서 안녕을 기원했다. 지금 와서 돌이켜보면 그 정성이 이른 새벽 아무도 없는 교회 예배당에서 무릎 꿇고 하나님께 기도하는 신자, 고즈넉한 법당에서 간절히 108배를 올리는 신자보다도 더 지극하게 보였다. 소지가 불에 타서 부엌 천장 높게 오를수록 길조로 여겼다. 그래서 손부채질을 해서라도 소지 탄 재를 하늘 높이 올렸다. 그런 할머니의 정성 덕에 오늘 내가 있지 싶다.

텃제사를 지낸 날 할머니는 한지 한 묶음을 무명실 한 타래로 엮어서 이른 새벽 마을 서낭당 천장 서까래에 끼워두었다.

이렇게 누군가 텃제사를 지내면 아이들은 그때를 놓치지 않았다. 모든 게 귀하던 그때 아이들에게 서낭당에 끼워둔 한지와 실은 아주 좋은 놀잇감이 된다. 평소엔 서낭당 가기를 꺼리던 우리들은 으스스한 서낭당 안에 들어가 성황신에게 두 번 꾸벅 절을 하곤 얼른 실과 한지를 꺼내왔다.

잘 마른 대나무를 낫으로 얇게 살을 만들고 밥 한 숟가락을 종이에 싸서 댓살에 풀을 먹여 가오리연을 만든다. 그리곤 산에 가서 곧은 소나무 가지를 꺾어다 얼레를 만들고 무명실을 감는다.

그런 다음 논 가운데를 달리며 몇 번, 연의 중심을 잡아본다. 적당하게 균형이 맞으면 그때부터 한겨울의 훌륭한 놀잇감이 되었다. 적당히 불어오는 바람을 타고 오르는 연줄의 팽팽함을 손끝에 느끼는 순간, 짜릿한 전율이 일었다. 하늘 높이 꼬리를 흔들며 오르는 연들이 새파란 하늘에서 춤추는 모습은 한 폭의 풍경이 되어 가슴에 추억으로 남았다.

그렇게 한겨울 내내 연날리기를 즐기다 정월대보름이 지나 바람이 알맞게 부는 날, 하늘 높이 날린 연줄을 끊어 멀리 떠나보내며 한겨울 놀이를 끝냈다. 연에 한 해의 나쁜 기운인 액을 모두 실어 보냈다.

지금은 그렇게 연을 날리는 아이도 볼 수 없고 또 아이들이 있어도 텔레비전에, 컴퓨터 게임을 하고 그도 아니면 학원에 다니느라 연날리기는 아주 오래된 과거의 추억으로 남았다.

어린 시절 푸른 하늘 아래 논바닥을 뛰어다니며 하늘 높이 연을 날리던 아이들은 이제는 먼 대처로 나가 가끔 명절에나 들러 술상에서 지난 추억을 되새김질할 뿐이다. 지나간 것은 모두 다 그렇게 그리움이 되었다.

소 먹이기

돌고지 이순희

여름이면 들과 산에는 풀이 무성하게 자랐다. 그땐 집집마다 소를 한, 두 마리씩 키웠는데 풀이 많으니 소 풀 뜯기는 것이 아이들의 일이었다. 학교 다녀오자마자 동네 언니, 오빠, 또래들과 소의 고삐를 잡고 먼 곳까지 가서 소가 풀을 뜯도록 했다. 돌고지 아이들이 소 먹이러 가는 곳은 살갯골과 뒤뛰전이라는 골짜기였다. 양쪽으로 풀섶이 우거진 좁은 길을 따라 소와 아이들이 한 줄로 길게 늘어서 가다 보면 사각사각 풀 스치는 소리와 작은 계곡물 흐르는 소리가 정다웠다. 앞장서서 가는 소들은 익숙한 길을 언제든 알아서 잘 가곤 했다.

어떤 날은 늦어서 혼자 가다 보면 살갯골과 뒤뛰전의 갈림길에서 소는 다른 소들이 간 곳으로 알아서 방향을 틀고 찾아갔다. 그때 우리들은 소가 냄새로 알아차린다고 생각했다.

목적지에 도착하면 소를 풀어놓는다. 우리들은 그때부터 자연의 놀이터에서 재미있게 놀기 시작한다. 지금은 거의 사라졌지만 깨끗한 계곡물에는 가재와 버들치가 많았다. 개구리를 잡아 뒷다리를 돌멩이에 콩콩 찧어서 나무막대기에 매달아 물에 넣으면 가재가 슬금슬금 기어 나와 먹이를 잡는다. 그때 잽싸게 낚아채면 가재가 땅 위로 떨어진다. 깊지 않은 계곡물이면 들어가서 작은 돌을 뒤집어 버들치를 잡아 고무신에 물을 담아 넣어두기도 했다. 출출해지면 잡은 가재와 버들치, 나리과 식물의 뿌리를 캐서 구워 먹기도 했다. 밭 언저리에 있는 감나무에서 떨어진 덜 익은 감도 먹을 거리가 되었다. 나뭇가지가 많은 나무를 찾아 높은 곳까지 올라가 누워있기도 했다. 계단식으로 개간한 골짜기의 논과 밭을 뛰어다니며 잡기 놀이도 했다. 야생풀과 곤충들을 관찰하고 채집도 하며 즐겁게 놀았다.

 소들은 대개 그리 멀지 않은 곳에 모여 풀을 뜯기도 하지만 어떤 날은 멀리까지 이동하여 우리들은 풀숲을 헤치며 소를 찾기도 했다. 언젠가는 송아지를 잃어버려 울면서 집에 온 적도 있었다. 그렇게 여름이면 소를 살찌우기 위해 먼 골짜기를 다녀오는 일도 아이들의 일상이었다. 덩치 큰 소의 선한 눈망울을 바라보면 친근하면서 애처롭기도 하고 사랑스럽다. 겨울이면 아궁이에 불을 지피고 가마솥에 여물을 끓여 소의 먹이를 주던 부엌의 따뜻한 온기도 그리운 기억이다. 평생 코뚜레를 하고 멍에를 짊어진 소는 시골 농가의 훌륭한 일꾼이었다. 나에게 소는 지금까지도 따뜻한 안식처이고 위안이다.

아버지의 흔적

담뱃집 김응수

아버지께서 소풍길 떠나시기 두 해 전쯤이다. 추석을 맞아 몇 달 만에 큰 집에 갔는데 방 안에 아버지가 안 보이셨다. 해묵은 한약 냄새와 고서들이 텔레비전 앞에 그대로 있는 걸 보니 멀리 가시진 않았다. 한 바퀴 돌다 보니 아버지가 바깥 화장실 앞에서 어지러이 나무 깎은 거랑 공구를 펼쳐놓고 뭔가를 만드시고 있었다. 얼마나 열중이면 내가 가까이 갔는데도 모르고 눈길은 온통 바닥에 둔 채 공들여 나무를 깎고 있었다.

"아버지 저 왔어요. 뭘 만들어요?"

"어~ 왔니? 내레오는데 차가 마이 맥히디?"

"추석 때니 좀 그렇지요 뭐. 그기 모예여?"

"아이 도리깨지 뭐여! 이기 망거져서 곤체 놀라구."

그러고 보니 도리깨가 분해되어 여기저기 널브러져 있다. 장대 구멍이 닳고 헤져서 새로 만드시나 본데 얼핏 봐도 꽤나 오래된 연식이 느껴진다.

늦은 가을날 콩이며 팥을 수확할 적에 마당에 펼쳐놓고 박자 맞춰 도리깨질하던 때가 생각난다.

'요즘에도 저걸로 뚜둘겨서 콩을 터나?' 아니, 쓰지도 않고 필요치도 않을 거면 고칠 일이 없고 정작 구십이 넘은 아부지가 저걸 쓸 일이 없을 텐데 공들여 저걸 고치고 있으니 이해가 안 갔다.

그러다 문득

'아~ 그러네. 우리 부모님들은 혹시라도 이담에 자식들이 이런

걸 쓰게 될 때 망가져서 일에 지장이 있을까 봐 미리 단도리를 해놓는 것이구나.'

심심해서 운동 삼아 한다지만 자손들이 편하게 잘 살아내기를 바라는 아버지의 마음이 읽혔다.

집집마다 함께 새겼던 부모님의 흔적과 티격태격하며 살아온 식구들과의 두터운 정이 있으니 차가 막혀서 힘들든 눈길에 오느라 고생이든 다들 고향 집은 늘 그립고 정겨운가 보다.

담뱃집 울 아버지 떠나신 지 9년이 지났다. '노인 한 분이 돌아가시면 도서관 하나가 사라지는 것과 같다'는 속담이 있다. 수십 년간 많은 한문 서적을 보면서도 생소한 게 나오면 큰 옥편을 찾아 여백마다 주석을 빼곡히 달아 공부하셨으니 배움에 참 지극하신 분이셨다.

이제 아버지가 애써 고쳐놓은 저 도리깨는 머잖아 당신이 드나들며 애지중지 가꾸던 작물을 만날 것이다. 그리고 때가 되면 콩마대이에 기꺼이 참여해서 소임을 다하고 큰집 처마 밑 어디쯤 고이 둥지를 틀고 흘러가는 세월을 품고 있을 것이다.

※ 수동말사전

1. 곤체: 고쳐
2. 콩마대이: 콩타작
3. 단도리: '채비'를 속되게 하는 말
4. 뚜둘겨서: 두드려서

어느 봄날

큰생골집 김복순

아직
아침저녁으론 쌀쌀하지만
해가 높아질수록 햇살은 따수워지고
논두렁엔 아지랑이가 아른아른거리던
어느 봄날이었지.

복자랑 나는 인사니미골로 미나리 뜯으러 갔어.
비닐 봉다리하고 작은 칼을 하나씩 챙겨 들고.
복자는 막내를 포대기에 야무지게 둘러서 업었어.

논두렁을 지나 물꼬 자리에 미나리가 많이 나는 곳을 우린 알고 있었거든.
막내를 업은 복자가 앞장서고 나는 뒤따라 논둑을 걸어가는데
장난기가 동한 내가 흥얼흥얼 노래를 지어 불렀어.
"떨어져라. 떨어져라. 똑 떨어져라."
순간
풍덩하고 복자가 막내를 업은 채로 논바닥에 쳐박혔지 뭐야.

모내기 준비하느라 갈아 놓은 논에 진흙투성이가 된 복자는
벌떡 일어서더니
"우리 엄마한테 다 이를 거야!"

하고

나를 쳐다보고 엉엉 우는 거야.

놀라고 무서웠던 나는

복자네 엄마가 당장이라도 나타날 것 같아 냅다 뛰기 시작했지.

가파른 인사니미골 언덕을 어떻게 내려왔는지

도막지소를 지나 당봉실 앞까지 얼마나 뛰어왔는지

온몸이 땀으로 흥건했고

숨은 하늘에 닿다 못해 가슴이 따가웠어.

할머이네 마당 앞을 지나 복자네 집 앞을 지나는데

복자 엄마가 마당에 서 계실 것만 같아

가슴은 쿵쾅거리고

내 다리는 지멋대로 허우적거리면서 당최 속도가 나질 않았어.

어찌어찌 집에 도착해서 숨어야 하는데 숨을 곳이 마땅찮더라구.

마루 밑에 들어가 보고

마구간 다락에 올라가 쌓여 있는 쟁기들 틈에 엎드려도 보고

그러다 헛간으로 들어갔지.

검불 더미에 숨어서 나뭇단으로 앞을 가렸지.

숨기엔 완벽한 장소

아무도 찾아내지 못할 거란 생각을 하니 스르르 눈이 감기는 거야.

얼마나 시간이 흘렀을까?
나뭇단 사이로 내다보니
사방이 어두워졌어.
"야가 어디 가서 안직 안 들어와?"
아버지 목소리가 들렸고
갑자기 울음이 북받친 나는
꺼이꺼이 울며 헛간에서 나와
낮에 있었던 일을 이실직고했지.

다행히 복자네 엄마는 찾아오시지 않았고
그날 밤엔
밤새 숨을 곳을 찾는 꿈을 꾸느라 온몸이 흥건하게 젖었더랬지.

어린 시절을 돌아보니

할머이네집 김종구

난 1969년 봄 월집 할머니네 집에서 5남매 중 막내로 태어났다. 그땐 모든 집들이 그랬지만 워낙 가난했기에 아버지가 남의 집 머슴살이를 하면서까지 죽어라 일해서 자식들 굶기지 않으려 쉬지 않고 일만 했던 모습을 보고 자란 기억이 난다.

이밥을 마음껏 먹지 못하고 늘 보리밥, 밀가루, 감자가 주식이었다. 적골에 화전 밭을 일구어 새벽으로 몇 번씩 지게로 볏단을 져서 위험한 산길을 오르내리던 아버지 모습이 아직도 생생하다.

배고프고 없이 살던 때, 아버지, 어머니는 쉬지 않고 일해서 조금씩 모아놓는 돈으로 이밥을 먹기 위해 논·밭 한 마지기 마련하는 것이 최고의 목표였다.

이제 와서 생각해 보니 그때 읍내나 바닷가 값싼 땅이라도 조금 장만했더라면 요즘 부동산 자산가가 되지 않았을까 생각해 본다. 하지만 그때는 당장 배곯지 않는 게 급했던 때라 거기까지 생각할 수는 없었던 것 같다. 아버지, 어머니 다 돌아가시고 나니 살아계실 때 더 효도하지 못한 것이 미안하고 한편으로 고맙기만 하다.

국민학교에 들어가선 아침마다 당봉실에 모여 줄을 맞춰 서서 애향단 깃발을 들고 돌고지를 지나 배룽길을 거쳐 학교까지 1시간을 넘게 걸어 다녔다.

한참 뒤 학교 앞 개울에 출렁다리가 세워지면서 섬버덩을 가로질러 걸어가게 되어 학교 오가는 시간이 줄어들었고, 중학교 가면서 자전거를 타고 다녔는데 지금 생각해 보면 매일 걸어서 학교 다니다가 처음 자전거를 탈 때는 지금의 자동차를 타는 것보다 훨씬 더 기분이 좋았다.

집에 돌아오면 왕대나무에 고래심줄을 묶고 두엄 밭에서 지렁이를 잡아 청룡으로, 가둔지로 꺽지 낚시를 다녔다. 재수가 좋아 20cm나 족히 되는 꺽지랑 메기를 한 두릅 정도 낚는 날도 있었다. 그런 날엔 가마솥 아래 장작불에서 왕소금을 쳐서 구워 먹으면 반찬거리가 되어 부모님이 좋아하셨다.

지금처럼 농기계가 없던 그때 집집마다 마구간에 소가 몇 마리씩 있었는데 소는 멍에를 짊어지고 논·밭을 갈았고, 짐 가득 실은 우차를 끌었다. 솟값이 비싸니 자식들 공부시키는 데에 한몫했다.

봄이 되어 모내기를 할 때면 줄을 띄우고 손으로 모를 심어 더디고 많은 시간이 걸렸지만, 논둑 위에 모여 앉아 음식을 펼쳐놓고 두꺼운 자반에, 푸릇푸릇한 김치에, 지나가는 사람 불러 같이 막걸리 한 잔으로 육체적인 고단함을 달래고 하면서 품앗이를 통해 항상 공동체 의식으로 함께했던 소중한 시간이었다.

여름이면 소를 끌고 물 건너 들판에 풀어놓고, 형님, 동생들 모여 팀을 나누어 배구 시합을 하느라 시간 가는 줄 몰랐다. 밤에는 돌장방에 이불 하나 들고 나가 꼽짱골집 과수원 개구멍으로 몰래 들어가 복숭아, 자두를 서리하여 먹으며 유난히 맑고 빛났던 밤하늘 별을 쳐다보며 노닥거리다가 잠이 들곤 하였다.

지금은 밭이 되었지만, 마을회관 옆 도수네 논에선 아랫말, 넘말 아이들이 편을 갈라 야구를 하고, 겨울엔 물을 대고 얼음이 얼면 산에서 나무를 깎아 만든 작대기로 아이스하키를 하며 시간 가는 줄 모르고 놀았다.

한겨울 강추위가 몰아치면 물 건너 앞 강가에 모여 두꺼운 얼음이 얼었다. 두꺼운 얼음을 톱으로 자르고 가운데 구멍을 뚫어 나무를 걸어 노를 저으며 뱃놀이를 하면 손발이 얼고 옷이 다 젖어 집에 가서 야단을 맞았지만 마냥 즐거웠다.

눈이 많이 내리는 한 겨울에 아침 일찍 형님이 뒷산에 산토끼가 지나다니는 길에 설치해 놓은 덫(나무로 만들어 위에 돌멩이를 얹어 토끼가 지나다 발이 걸리면 줄이 팅기면서 돌이 내려앉아 포획됨)에서 산토끼를 잡아 가죽은 벗겨서 처마 밑에 붙여 놓았다가 장날 읍내에 가서 팔았고, 남은 고기는 김치찌개에 끓여서 먹으면 기름기 하나 없이 쫄깃쫄깃했다.

긴 긴 겨울밤 이집 저집 다니면서 껌 내기, 초코파이 내기 민화투도 하다가 시원한 동치미 국물에 국수를 삶아 한 그릇씩 비우고 나면 그렇게 맛있을 수가 없었다.

장례식장이 별도로 없던 때라 이웃집 어른이 돌아가시면 마당에 천막을 치고 음식을 나누며 함께 슬픔을 나누고 마을 사람들이 상여를 직접 메고 경사진 산등성을 올라 다니며 조상들을 모셨다. 가난했지만 형제간에 우애 있었고, 이웃 간에 정을 함께 나누는 마음만은 행복했었던 때였다.

이제는 마을에 계시던 부모님, 친척, 이웃집 어른들 한 분 두 분 하늘나라로 가시고 젊은 사람들도 대부분 타지에 나가 각자 바쁘게 사느라 서로 만나고 볼 기회조차 쉽지 않지만, 돌이켜보면 다시는 돌아올 수 없는 지나간 시간이 그립기만 하다.

여름밤

큰생골집 김복순

마당에 길게 늘어졌던 산그림자를 집어삼킨
어둠이 내려앉은 마당에
아버지는 멍석을 내다 깔았다.

삶은 감자와 옥수수를 수북하게 담은 오봉 쟁반
주위로 우리 식구들은 빙 둘러앉았다.
쑥을 한 아름 집어다 화로에 올려놓고 불을 지핀
모깃불이 타닥타닥 타오르면
매캐한 연기가 바람 따라 움직였다.

두 동생은 연기 잡는다고 멍석 주변을 뛰어다니는데
생골 도랑 쪽 어두운 곳에서 반짝거리는 반딧불을 발견했다.
반딧불은 하나가 아니었다.
골짜기 여기저기에서 반짝반짝 별빛처럼 날아다녔다.
어쩌다 반딧불이 마당가로 날아오면
우리는 양팔을 벌려 허우적거리면서 반딧불을 쫓아다녔다.
그러다 잡은 반딧불을 손바닥에 올려놓고
셋이서 머리를 맞대고 들여다보며
꼬리 쪽에서 나오는 빛을 보며 신기해했다.

"야덜아 그만 뛰고 일루 와서 옥새기 먹자.

감재두 폭신한 기 아주 마수워."
감자와 옥수수로 배가 부른 우리는
멍석 위에 누워 키득거리며 발장난을 치고
엄마는 휘휘 수건을 흔들어 모기를 쫓으셨다.

시원한 바람이 한번 지날 때마다
마당 옆 길가에 오래된 살구나무에서
투두둑 노랗게 익은 살구가 떨어졌다.

우리는 엄마 앞에 나란히 누워
하늘에 촘촘히 빛나는 별을 헤아려 보기도 하고
길게 흐르는 은하수를 보며 하얀 쪽배를 봤다느니
토끼 두 마리를 봤다느니
계수나무도 있더라느니…
그렇게 우겨대다가
하나, 둘 눈꺼풀이 무거워지고 스르르 잠이 들면
아버지는
한 명씩 안아다 방에 눕혀 주셨다.

나도 나른하게 잠에 빠져들 때 아버지가 안아 들었다.
반쯤 감긴 눈에 앞산 너머로

길게 꼬리를 남기며 떨어지는 별똥별이 보였다.
"아무래두 저짝 동네 사는 뒤집 으른이 가실래나 봐유.
별똥이 그짝으루 떨어지는 걸 보믄…"
두런두런 엄마 목소리가 잠결에 나즈막이 들려오는
여름밤은 그렇게 깊어갔다.

※ 수동말사전
1. 일루와서: 이리 와서
2. 옥새기: 옥수수
3. 감재두: 감자도
4. 마수워: 맛있어

엿장수 아저씨

작은 꼽장골집 김만옥

엿장수 아저씨에 대한 슬픈 추억을 소환해 본다. 아니 엄밀히 말하면 엿에 대한 슬픈 추억이 맞겠다. 6,70년대 시골은 전국 어디나 같은 모양새로 살았을 것이다. 초가지붕, 비포장도로, 가난, 무지 거기에 집집마다 아이들은 얼마나 많았던가? 부잣집이나 가난한 집이나 생활방식도 비슷하고 먹거리도 비슷했던 것 같다.

마을에 가게라곤 응수 오빠네 담뱃집 밖에 없던 시절인데다 아랫말과 가둔지, 삼바리는 보이지 않는 문화적 선이 그어져 있었다. 버스도 아랫말까지만 들어왔고 우린 버스에서 내려 한참을 더 걸어야만 했다. 전기도 몇 년 더 늦게 들어왔다.

"가둔지 삼바리 쓰레기 통통배"
라고 놀리는 아이들 때문에 울기도 참 많이 울었다. 이런 동막골 같은 가둔지, 삼바리에 서너 달 건너 오시던 엿장수 아저씨가 있었다. 촌뜨기인 우리들 눈에도 약간 허술해 보일 정도로 얌전하고 순한 아저씨였다. 그날도 아저씨는 미자네 마당에다 엿 담은 리어카를 맡겨놓고 지게에 엿 한 판 지고는 물 건너 삼바리로 고물을 바꾸러 갔다. 고양이들에게 생선을 맡긴 격이다. 아저씨 모습이 시야에서 멀어지자 용감한 호배, 시열이, 둘남이가 먼저 가락엿을 한 개씩 들고 산으로 내달았다. 일진에 뒤이어 이진의 미자, 원옥이 애영이 등등 같이 놀던 아이들이 엿가락을 들고 뛰었다.

겁쟁이, 지금도 겁쟁이인 나는 엿가락이 담긴 리어카를 노려보면서 엿가락과 엄마 얼굴을 번갈아 떠올렸다. 갈등하는 사이에 호배, 시열이, 둘남이는 두 개째 들고 뛰는 것이 아닌가? 난 엿가락을 훔쳐 달아나겠다는 생각만으로도 이미 심장이 뛰고 숨이 가빠졌다. 애먼 동생 둘남이한테만

"니 이 간나 엄마한테 다 일러줄거여!"

를 여러 번 소리쳤지만 이르지는 않았다.

한 두어 시간이 뒤 엿과 바꾼 고물을 한 지게 지고 오신 아저씨가 하는 말에 어린 억장이 무너졌다.

"야덜아! 이 집 쥔 아가 뉘기니?"

"난데유."

미자 언니 목소리가 기어들어갔다.

"고맙다. 니야까 지케줘서"

하면서 엿을 두 가락이나 주셨다.

아, 내 생애 큰 후회 중 한 가지가 바로 엿을 못 훔쳐먹고 엄마와 엿 사이에 갈등한 그 일이었다.

몇 달 후 참꽃이 동산을 붉게 뒤덮던 봄날에 우린 동산에서 놀고 있었다.

"쩔꺼~억, 쩔꺼~억, 쩔꺽!",

엿장수 아저씨가 동네 어귀에 들어서는 게 보였다. 우린 일제히 달려 내려갔고 난 누구보다 결의에 차 있었기에 모든 것이 가능할 것 같았다. 이번 기회는 절대 바보짓 안 하리라. 이번에도 여지없이 아저씨는 삼바리로 가셨고, 이전보다 더 용감해진 아이들은 엿을

덮은 보자기를 휙 걷어치웠다.

아뿔싸, 그런데 가락엿이 아니었다. 끌 같은 걸로 내리쳐서 잘라야 하는 판때기엿이었다. 두 번째 실패는 좌절을 넘어 슬픔으로 내려앉았다. 아이들은 손바닥에 침을 묻혀 엿판대기에 슥슥 문질러서 단맛을 보더니 이내 포기하고 다시 동산으로 뛰어올라 누가 더 탐스럽고 진한색 참꽃을 꺾는지에 몰두했다.

"엿장수 똥구멍은 찐덕찐덕. 그래도 좋다고 쩔꺽쩔꺽!"

누가 먼저랄 것 없이 우린 엿장수를 놀리는 노래로 아쉬움을 달랬다.

아저씨는 바보가 아니었고 허술한 분도 아니었던 것이다. 군입거리 없는 산골 꼬마들을 이해해 주셨고 용서해 주셨던 것이다. 그 뒤로도 더 이상 가락엿을 가져오지 않아 내 유년 시절 엿 이야기는 슬픈 기억으로 남았다. 아직도 가락엿을 볼 때면 그때 그 일이 생각나 혼자 피식 웃곤 한다.

우리 할머니

원일아집 김동수

우리 어머니가 들으면 서운하실 테지만 어렸을 때부터 어머니에 대한 기억보다는 할머니에 대한 기억이 더 많다. 사실 우리 할머닌 아주 별난 분이셨다. 우리 어머니 시집살이는 얼마나 시키셨는지 아마 그 고생한 거 말로 다 못 할 것 같다. 우리 할머닌 아흔일곱에 돌아가셨는데 할머니가 돌아가시기 전까지 우리 어머니는 마음대로 친정엘 다녀보지도 못했고 그저 평생 당신 돌아가시는 날까지 뒷수발을 다 하셨는데도 고맙다는 말씀 한 번 들어보지 못하셨으니까. 어쨌든 우리 동네에서는 아주 유별난 시어머니였다. 그런 분이라 가족들 중 누구도 할머니를 좋아하는 사람들이 없었다. 심지어 당신의 아들, 딸들까지도 그랬다. 그런 할머니가 내게는 누구보다도 소중한 분이셨으니 참 이상한 일이다.

난 우리 집에서 장손이다. 우리 아버지가 4남 2녀의 장남이고 내가 또 2남 4녀 중 장남이다. 우리 어머니는 나를 낳기 전에 위로 딸만 셋을 낳았다. 그러지 않아도 지독한 시집살이를 시키는 우리 할머니가 오죽했을까? 요즘 같으면 말도 안 되는 일이지만 그때는 아들 낳지 못하면 며느리 취급도 하지 않던 시절이었다. 그런데 손녀만 내리 셋을 보다가 손자가 태어났으니 아마 날 낳고 처음 우리 어머니가 마음 놓고 미역국 한번 드셨을 게 틀림없다.

이런 귀한 손자가 태어났으니 우리 할머니는 날 참 귀여워했다. 내 어렸을 때 기억은 네 살쯤부터인데 잔칫집이건 어디 건 꼭 우리 할머니 등에 업혀 다녔고 할머니 무릎에 앉아서 지냈다. 국민학교에 다닐 때도 소풍 때면 우리 어머니보다 우리 할머니가 더 많이 다니셨으니까.

  그때는 밤늦게 제사들을 지냈는데 그러면 우리 집엔 할머니, 할아버지 계신다고 반드시 음식을 한 상 차려왔다. 그런데 제사음식이 오는 날은 그동안 구경 못하던 하얀 쌀밥에 맛있는 음식이 잔뜩 왔으니. 그런 밤이면 우리 할머닌 자는 나를 꼭 깨워서 음식을 먹이곤 했다. 물론 우리 누나들은 그 근처에도 가지 못했다. 잔칫집에라도 다녀오시면 사탕이나 과자 따위를 손수건에 꼭꼭 싸매고 오셨다가 밖에서 뛰어놀고 들어오면 주셨고 시루떡 만드는 날엔 왜 시루떡 가운데 동그란 부분이 있는데 꼭 그걸 칼로 잘라두셨다가 나만 먹이셨다. 그걸 먹으면 머리가 좋아진다면서 말이다. 그런데 우리 할머닌 내가 커서 선생이 되었을 때도 어디서 사탕이라도 생기면 꼭 싸두었다가 내가 퇴근하면 주셨다. 생각할수록 우리 할머니의 나에 대한 사랑은 참 특별하셨다.

  겨울이면 내가 입고 갈 옷이나 양말을 꼭 아랫목 이불 밑에 두었다가 꺼내 주셨다. 그렇게 날 예뻐하셨다. 그런 내가 대학교엘 다니게 되어 어쩌다가 한번 집에 올 때면 우리 할머닌 그동안 내게 못해주셨던 것들을 한꺼번에 다 해주시려는 듯 온갖 음식들을 다 해주셨다. 내 투정도 다 받아 주셨고.

  어느 핸가 방학 끝나고 춘천엘 가려는데 우리 할머니가 날 따라 나오면서 끝까지 손을 흔들어주시던 그 모습이 아직도 눈에 선해서 지금도 그 생각만 하면 눈시울이 붉어지곤 한다. 그렇게 난 선생이 되었고 학교 다닐 때도 그랬지만 우리 할머니에게는 어딜 가든 자랑이셨다.

  그런 우리 할머니가 돌아가시기 10여 년 전부터 거동이 불편하게 되었다. 몸이 불편하니 마음대로 마실도 다니지 못하고 하루 종일 방에만 계시다가 어쩌다 사람이 오면 참 반가워하시는데 그것도 하루 이틀이지. 그래서 난 처음 차를 샀을 때부터 퇴근하면 시간 날 때마다 우리 할머니를 차에 모시고 읍내도 한 바퀴 돌아보고 아니면 다른 동네도 가서 만나보고 싶은 분들도 만나게 해드렸다. 그럴 때마다 우리 할머닌 여기는 누가 살았고 그때는 어떻게 여기서 지냈는지 골짝골짝 이런 이야기들을 해주셨다. 옛날 할머니들은 누구나 그랬겠지만 누구네 제사, 생일은 말할 것도 없고 언제 무슨 일이 어떻게 일어났었는지 하나하나 다 기억해내시는데 지금 생각해 보면 참 대단하신 것 같다. 할머닌 차멀미 때문에 차를 잘 타지 않으셨는데도 자가용을 태워드리면 멀미가 나 어지럽다, 하시면서도 너무 좋아하셨다. 다음 날 동네 분들이 놀러오시면 우리 손주가 차 태워서 이런저런 데를 다녀왔노라고 또 자랑하셨다. 그런 할머니가 자가용 타는 것조차 힘들고 겨우 움직이게 되셨다. 돌아가시기 3년 전부터는 바깥출입을 거의 하시지 못하게 되었고 화장실도 방안에 요강을 들여놔야만 했다. 그것도 어려워 마지막 일 년은 아기들처럼 기저귀를 차야 했다. 사람은 나이가 먹으면 아기가 된다고 하는데 정말 그런 것 같다.

　그런 할머니 수발하신 우리 어머니는 오죽 힘드셨을까. 그런데 우리 어머니가 농사일을 남 주고는 시장에 가서 채소 같은 것을 파는 장사를 하셨다. 그러다 보니 어떤 날은 하루에 서너 번 있는 차를 제때 타지 못해 미처 집에 돌아오지 못하는 날이 잦았다. 작은아버지들이나 다른 분들은 장사 다니지 말고 집에서 할머니 뒷수발만 하라고 성화들 하셨는데 그런 일도 하루, 이틀이지 10년 넘게 꼼짝 못 하고 한다고 생각해 보면 그렇게 말할 수 없다. 속으로 '그런 말 하려면 자기들이 한번 데려다 모시지!' 그런 생각이 들 때가 많았다.

　어쨌든 우리 어머니가 밭에 갔다가 늦게 오시거나 어디 가시는 날은 퇴근하면 우리 할머니 수발은 내 차지가 되었다. 어떤 날은 미처 기저귀를 갈지 못해서 집안에 온통 냄새가 났다. 그러면 난 우리 할머니 기저귀도 갈아드리고 옷도 갈아입히고 목욕탕에 안고 가서 목욕도 시켜드렸다. 난 이런 일 하는데 하나도 힘들지 않고 당연하다는 생각이 들었다. 우리가 어려서 똥오줌도 가리지 못하고 제 손으로 먹지도 못할 때 우리 할머니나 어머닌 날 그렇게 키워주셨으니 말이다. 그만큼 내게도 우리 할머니가 특별했다. 할머니는 1998년 따뜻한 봄날 돌아가셨다. 동네 어귀에 있는 양지바른 산 언덕에 산소를 만들었다.

　지금은 내가 그 옆에 집을 짓고 살다 보니 가끔 할머니 묘소에 가서 풀도 뽑고 나무를 다듬으면서 우리 할머니랑 이야기를 나누곤 한다. 그럴 때마다 '아이구 우리 귀한 손주 왔네.' 하시는 것 같다. 우리 할머니가 돌아가신 지 꽤 오래 지났지만 이렇게 할머니는 늘 내 곁 가까이 계신다.

우리들의 아지트

돌고지 이동우

그 시절 우리들의 밤무대였던 아지트. 겨울철이라 특별히 할 일도 없고 절골 가서 땔감 해오는 걸로 대신 낮 시간을 때우고 일찌감치 저녁을 먹고는 어스름 녘에 아지트로 향했다.

서로 약속은 없었지만 시골 생활이 그렇듯이, 특히 겨울 해는 일찍 떨어지고 동지섣달 긴긴밤을 의미있게 지내기 위한 작당 모의를 하기 위해서 늘 자연스럽게 아지트에 모였다.

'하나, 둘, 스이, 느이…'

'한놈, 두식이, 석삼, 노고지리, 오징어, 육개장, 칠뜨기…'

이렇게 헤아리다 보면 얼마 지나지 않아 비좁은 아지트가 꽉 찬다.

우리의 아지트는 넘말 윤길수네 집이다. 아니 그때는 길수 집이 아니라 길수 아버지 조쿠나 목상 집이었다. 조쿠나 목상. 내 아버지 절친 중의 한 분이자 내 친구 윤길수의 아버지다. 장날이면 항상 얼큰하게 취하셔서 집에 가시는 길에 우리 집에 들러 아버지와 시장판 돌아가는 얘기와 이런저런 세상사는 대화를 하고 가시곤 했다. 막걸리라도 한잔 곁들이신 날이면 특유의 걸걸한 목소리와 구수한 입담으로 우리 아버지와 어머니를 즐겁게 해주시던 기억이 아련하다.

별명에서 알 수 있듯이 길수 아버지는 늘 성격 좋으시고 매사에 긍정적이셨다. 그래서 붙여진 별명이 조쿠나가 된 게 아닌가 싶다.

길수 아버지는 한자와 일반 상식에도 밝으셨다. 술을 한잔 걸치면 기분좋게 한시도 읊으시고, 구수하게 노래 부르시는 모습을 보노라면 세상에 걱정거리가 없어 보였다.

내 친구 길수가 한자 능력이 뛰어나고 붓글씨 솜씨가 뛰어난 게 아버님으로부터 물려받은 우월한 유전자 덕이 아닌가 생각된다. 특히 글씨체는 그 어디에서도 모방하지 않은 길수 친구만의 독특하고 힘 있는 필체로 추사체와 비교하여도 전혀 꿀릴 게 없는 실력이다.

이렇게 사람 좋고 실력 좋은 조쿠나 목상을 아버지로 둔 덕분에 자연히 우리 친구 길수는 조쿠나가 되었다. 옛날 그 시절의 부친 조쿠나 목상보다 더 나이를 먹은 지금까지 우리 친구들 사이에서 길수는 여전히 조쿠나로 불리고 있다.

내 친구 윤길수. 그 당시 길수에게는 아내가 있었다. 그 시절 우리는 여학생들 앞을 지나가는 것도 부끄러워하던 나이였는지라 친구한테 아내가 있다는 게 마냥 신기하기도 하고, 친구 아내를 보면 우리도 마치 어른이 된 듯했다. 그래서 모이면 각자가 몰래 훔쳐 온 담배를 꼬나물고 코로 연기 뿜는 기술을 연마하며 길수 와이프 앞에서 괜히 우쭐해하기도 했다.

길수 아버님의 넉넉한 배려로 이런저런 눈치 보지 않고 마음껏 놀 수 있어서 자연히 길수 신혼 방이 우리들의 아지트가 되었다. 길수 아버님의 그런 배려는 당신의 무남독녀(無女獨男) 홀홀단신인

아들의 친구들에 대한 넉넉한 아량이 아니었나 생각된다.

우리들의 아지트 아랫목에는 항상 보들보들한 군대 모포와 동양화가 놓여있었다.

매일 같이 모이다 보니 누가 뭐랄 것도 없이 자연스럽게 모포를 깔고 민화투 판을 벌였다.

치매 예방에 최고 약이라는 민화투. 자그마치 민화투 경력이 50년 반세기를 넘었으니 최소한 우리 친구들은 치매에 걸릴 일은 없을 것 같다.

'1월 송학, 2월 매화, 3월 벚꽃, 4월 흑싸리, 5월 난초, 6월 모란, 7월 홍싸리, 8월 보름달, 9월 국화, 10월 단풍, 11월 똥, 12월 비'

1월 송학부터 12월 비까지 월약에 홍단, 청단, 초단, 쿠사 등등 민화투 규칙에 따라 화투짝을 두드리며 똥도 싸고, 비도 싸고, 광도 팔다 보면 금세 1년이 지나간다. 1년이면 섭섭하고 2년이 딱 적당하다. 2년 돌고 나서 각 선수들의 누적 점수를 계산해서 등수에 따라 추렴을 하여 그날의 간식거리를 정한다. 그렇게 메뉴가 정해지면 멀리 아랫말 동사 구판장까지 가서 간식을 조달해야 하는 심부름꾼 정하는 일 또한 중요한 순간이다. 동지섣달 넘말 골짜기 바람을 양 볼때기에 고스란히 맞으며 아랫말 구판장까지 다녀온다는 게 여간 귀찮은 일이 아니다. 심부름꾼은 일단 추렴을 제일 많이 내는 꼴등부터 제외다. 자연히 심부름 담당은 1등과 2등이다. 생각해 보면 나름대로 공평하고 민주적인 방법이다. 1, 2등을 양보(?)한 대가로 따뜻한 아랫목에서 등 지지고 있는 여유를 맛보지만, 그래도 심부름 조는 임무 수행 중 달걀이며 라면, 뽀빠이, 라면땅, 자야 등 부식을 먼저 시식하는 특권을 누리기도 한다. 심부름 조가 누가 되느냐에 따라 조달되는 부식의 양이 달라지곤 한다. 이렇게 조달된 달걀이나 라면 요리는 오롯이 길수 아내의 몫이었다.

낮에 길수가 양어깨 가득 해 온 땔감으로 따뜻하게 데워놓은 신혼 방에서 나름대로 가장 편한 자세로 널브러져 또 다른 잭패거리를 작당하는 여유를 누리며 음식을 기다리는 순간은 행복 그 자체였다.

부엌에서 정성스럽게 만든 삶은 달걀과 끓인 라면을 갖고 방으로 들어오는 길수 아내를 볼 때면 누나 같고 어머니 같다는 생각이 들기도 했다. 입으로 들어가는지 코로 들어가는지, 라면 국물에 누구 콧물이 떨어지든 상관하지 않고 먹던 길수 아내의 삶은 달걀과 구수한 삼양라면의 맛이란….

민화투가 지겨울 때쯤 우리들은 뭔가 새로운 놀거리가 필요했다. 한참 끓어오르는 젊은 피를 그냥 따뜻한 아랫목에서 화투판이나 벌이고 있자니 좀이 쑤셔서 생각해 낸 것이 좀 더 야동(夜動)스러운 놀거리를 찾게 되었다.

'닭서리!' 누구 입에서 나온 얘긴지 몰라도 만장일치로 통했다.

그래! 앞으로 우리들의 꺼리는 닭서리다. 칠흑같이 어두운 밤 지게 작대기 하나씩 들고 굶주린 하이에나처럼 닭을 찾아 헤매는 모습을 상상해 보니 상상만으로도 가슴이 설렜다. 우선 활동 대상 동네부터 정하고 그 다음 뉘집 닭을 모실 건지, 필요한 연장은 뭔지 나름대로 철저하게 준비 작업에 들어간다. 그래도 양심은 있어서 동네 닭은 건들지 않았다. 그래서 첫 번째 목표는 내현, 도리, 장리 그리고 아랫마을 섬버덩까지로 정했다. 목표가 결정되면 행동 개시를 위한 전술만 남았다. 첫날은 우선 전술만 세워놓고 전략은 차차 행동 개시 날에 짜기로 해놓고 헤어진다.

민화투 추렴으로 든든하게 배를 채우고 곧 행동 개시할 닭서리에 부푼 마음을 안고 돌고지로 내려가는 발걸음이 가볍기만 했다. 비록 절골 하늘 아래 초승달이 걸려있는 칠흑같이 어두운 청룡길을 혼자 걸어가도 무섭지 않은 이유는 거사를 앞둔 전사의 설렘이 그만큼 컸기 때문이다.

내일을 기다리며 부푼 가슴을 안고 자리에 누웠으나 쉬이 잠이 오지 않았다. '내일 우리들의 아지트 부엌 솥단지에서는 무엇이 끓고 있을까?'

울 엄마 김순덕

삼바리 오봉숙

"막내야! 막내야!"

큰아들이 오늘도 여전히 막내딸을 불렀다. 며칠 전 삼바리와 내현 사이의 박죽산에 토끼가 다니는 길목에 설치해 두었던 토끼 덫을 살펴보러 가기 위해서다. 큰아들은 덫에 걸린 산토끼를 칡 끈으로 엮어 어깨에 메고 막내딸을 목말 태워 자전곱 강물의 외나무다리를 건너 먹거리를 준비해 왔다.

큰아들이 결혼하기 전까지 막내딸은 큰오빠 바라기였다. 지게에 올려 앉혀 소꼴 베고, 목말 태워 요통 골 화전 밭 강물 건너고, 이른 새벽 민물 칠성뱀 잡을 땐 구멍 난 양말을 손에 끼워주고, 통나무 톱질할 땐 나무 위에 앉혀 놓고, 비 온 뒤 도랑에서 물고기 잡을 때 족대 잡는 일 등 큰아들이 어딜 가든 막내딸은 촐랑촐랑 따라다니며 큰오빠를 돕는 듯했다.

해주오씨 22대손 둘째 아들과 18세 혼삿날에 첫 대면을 하고, 세 살 터울로 올망졸망한 다섯 남매를 두었다. 남편은 미역 한 뭉텅이를 시롱 위에 올려두었다. 오늘도 양양읍에 다녀왔나 보다. 출산이 임박해질 무렵이면 늘 그랬다. 출산 후 미역국을 끓이고 빨래 등 집안일은 남편의 몫이었고 몸조리하는 내 곁에서 춘향전을 구연하듯 읽어 내려가며 들려주었다. 나는 출산 덕에 상전 대접을 받았다. 아이들을 팔베개하고 누워 토닥거리며 심청전을 읽어주면서 잠을 재우는 것도 남편 몫이었다.

고마운 남편은 막내딸이 첫돌 되기 전부터 시름시름 앓으며 병치레와 수술로 병원 신세를 지기 시작했다. 하루는 간병하는 나에게 떡이 먹고 싶다며 떡을 사 오라고 했다. 아픈 사람이 먹고 싶은 걸 찾는다고 볼멘소리하고 떡을 사 왔다. 그런데 나더러 먹으라고 한다. 오늘이 당신 생일이라고.

남편은 도랑 옆에 터 넓은 집과 웃음 주던 두 마리의 소와 함께 빚만 남기고 서른다섯 젊은 과부도 만들어 놓았다. 눈을 감는 그 순간까지 막내딸의 여린 손목을 부여잡고 하는 마지막 말이 '아이들 잘 부탁한다. 미안하다'였다. 남편의 상여가 집을 떠날 때 막내딸은 첫돌도 안 되었다. 아빠를 보내는 자식들이 상여에 매달려 큰 소리로 아버지를 불렀다. 상여꾼은 막내아들을 소리꾼과 함께 상여 위에 앉혔다. 막내딸은 넋 놓고 있는 내 가슴에 안겨 젖을 먹는다.

남편상을 치르고 사랑방에 지청을 꾸린 지 한 달 남짓. 둘째 아들의 복통이 시작됐다. 아들의 정신이 혼미해진 상태로 15리길 양양 읍내로 달렸다. 읍내 병원에선 치료 불가능하다고 했다. 당장 강릉으로 가라 한다. 강릉병원에 가니 병원비부터 내야 수술을 해준단다. 한 푼 없이 달려왔는데 큰일이다. 아들마저….

수술 먼저 해주면 빨리 수술비를 낼 테니 수술해달라고 조르고 사정해 보았지만 택도 없었다.

멍하니 주저앉은 나에게 간호사가 한남국민학교를 나왔다고 하면서 수리를 안다고 병원비 보증을 서주었다. 감사의 눈물이 간호사의 흰옷을 적셨다.

아들이 수술대에 올랐다. 아들의 마지막 모습이라도 보고자 하는 애미의 절박함에 원장은 수술실에 동반 입실을 시켜주었다. 아들의 배는 부풀 대로 부풀어 터지기 직전이었다. 수술받는 아들을 지켜보았다. 배를 가르고 창자를 꺼낸다. 세숫대야에 꺼낸 창자를 씻는다. 다시 배 속에 집어넣는다. 얼마의 시간이 지났을까? 정신이 든 나에게 원장이 아들 걱정하지 말라고, 살렸다고 했다.

병실에 누워있는 아들을 두고 아들을 살린 기쁨과 병원비 걱정에 지둔지 고개를 넘어 집에 도착할 즈음 큰딸이 뛰어오며 우리 집 이사했단다. 뭔 말이냐고 물으며 큰딸을 따라갔다.

친정엄마는 사위의 죽음과 손주의 병치레에 논밭전지 팔고 땅 마지기 하나 가진 것 없이 힘겹게 살아갈 내 딸이 처한 팔자를 소문난 무당의 말에 의존했다. 살고 있는 집터가 너무 쎄서 우환이 끊는다며 넓은 집터와 6칸의 방이 있던 집에서 당신의 딸과 손주를 살리기 위해 대처로 이사를 서둘렀다. 나 몰래 서두르다 보니 이사한 집이 피난민 집. 6·25 때 피난민이 잠시 거주했던 수숫대에 진흙을 덧대어 지은 집으로, 가마니 거적때기가 문을 대신하는 문지방도 없는 단칸방으로 야트막한 초가집이었다. 친정엄마가 원망스럽다. 어찌 살라고….

화전 밭을 일구다 그만 산에 불이 번졌다. 순사들이 왔다. 조사받으러 가자 한다. 너무 잘 되었다. 아이들을 새끼줄로 엮듯이 다섯 남매를 한 줄로 엮었다. 감방 가면 콩밥이라도 먹여준다는데 우리 새끼들 굶길 일은 없을 테니 말이다. 순사가 눈물을 흘리더니 엮었던 새끼줄을 풀어냈다. 아이들과 용기 내서 잘 살라고 삼천 원을 쥐여주었지만 뿌리쳤다. 정말 따라가고 싶었다. 우리 아이들과 함께….

산 입에 거미줄 치지 않고 죽은 정승보다 산 거지가 낫다더니 감자투성이를 박 바가지에 듬뿍 퍼담아 둘러앉아 먹는 아이들 웃음에 고단함을 삭힌다.

웃는 얼굴에 껍데기만 남은 깊은 주름만큼 96살 울 엄마는 병치레 한번 없이 자식들을 효자로 만드신다. 바람 멎은 이른 봄날, 젊은 날에 궂은일을 마다하지 않고 다져진 체력을 바닥까지 쓰시려나 보다. 양지바른 밭에서 냉이를 캐왔다며 실버카에 싣고 온 냉이를 듬뿍 꺼내 놓으셨다.

돋보기 없이 실뿌리까지 깨끗하게 다듬으셨다. 제철 음식이 보약이라며 자식들 입맛에 맞게 양념해 놓은 자연산 냉이를 안주로 자식들과 함께 술잔을 들어 건배하셨다.

'대인 춘풍 지기 추상' 순덕이의 삶이었다.

상복 입은 엄마의 품에 안겨 젖을 빨던 막내딸은 환갑의 나이에 쪼그라든 엄마의 가슴을 만지며 엄마의 인생담을 들었다.

※ 이 글은 딸 봉숙이가 엄마 김순덕 님의 시점으로 쓴 글입니다.

울 엄마 어렸을 때

큰생골집 김옥이

엄마가 예닐곱 살 때 있었던 일이랍니다. 집에 갔더니 팔십을 훌쩍 넘기신 나이에 전에 한 번도 말씀하지 않으셨던 아주 어렸을 적 일을 말씀해 주신 적이 있어요. '울 엄마 치매가 오려나? 왜 안 하던 아주 옛날을 기억하시지?' 한편으론 은근히 걱정하면서 배꼽 잡고 웃었던 기억이 있어 여기에 옮겨 봅니다

울 엄마 6, 7살 무렵에 외할머니 심부름으로 친정인 원일전 마을 입구에 술 되박이나 팔던 똥○보네 집이 있었대요. 거기에 대파를 사러 갔대요. 포대기에 해다를 업고 가는 길에 감 따는 동네 삼촌을 만나 말랑말랑 바알갛게 익은 홍시를 얻어먹고 똥○보집에 도착했대요.

가보니 댓돌 위에 어른 남자 신발이 세 개가 나란히 놓여있더래요. 문고리를 잡고 문을 벌컥 열었더니 우리 엄마 큰아버지가 지금까지 보지 못한 아주 세상에서 제일 행복한 표정을 하고 계시더래요. 그런데 큰아버지 무릎에 똥○보가 앉아 있더랍니다. 울 엄마는 큰아버지가 너무 행복한 표정을 하고 계시니 '이건 분명히 좋은 일이야'라고 생각하시고 대파를 사서 한걸음에 달려서 큰집으로 갔대요. 가서는 큰엄마한테 곧이곧대로 이야기했대요. 그런데 성격 좋으시고 온순하시던 큰엄마가 집 앞 또랑에서 빨래하시던 할머니에게 달려가더니

"저런 인간을 낳고 미역국을 잡수셨냐?"

며 포악을 떠셨대요.

뭔가 심상치 않음을 감지한 울 엄마는 큰집으로 달려갈 때와는 달리 무거운 발걸음으로 대파를 들고 집에 왔더니 외할머니가

"이누무 지지배야! 대파 심부름을 갔으면 얼른 집으로 올 것이지 왜 큰집에 가서 쓸데없는 소리를 해서 집안 분란을 일으키냐?"고 호되게 야단을 쳤대요.

그때 행복해하시던 큰아버지 얼굴이 지금도 생생히 기억난다며 웃픈 이야기를 해주시던 엄마. 그 엄마가 지금 많이 그립네요.

울컥, 봄

뒷방집 김인자

오일장 열린 날
친정 동네 어르신들 모시고 읍내로 갑니다
깜짝 이벤트 할 요량으로
낙산대교 건너 벚꽃 쏟아지는 꽃 터널로 듭니다.

-머이 이런 시상이 다 인너? 나는 먼 데서만 봤지 이 짝으른
한 번두 못 돌아봤자너.
-누군 머이 돌어 봔? 숟가락만 빼믄 주구장창 밭고랑에 엎어져
꽃피는 기 뭔지 알구나 살언.
-그레기 말이여, 일에 쩔어 신랑이 젙에 와두 코 골민서 살었는데 말해 모하겐.
-서방은 개웅기에 태우구 댕기민 일만 부레 먹을 줄 알었지. 꽃 귀경
한 번 시케준 줄 안?
-그 땐 다 그레 살었지 특벨나게 산 사람이 있언?

투가리같은 언어 꽃사태로 쏟더니
장마당에 내리시며 던지는 선물 같은 말씀

-조캐는 우리처럼 살지 말구 놀러두 댕기민 사시게.

※ 수동말사전
1. 개웅기: 경운기
2. 투가리: 나무그릇
3. 조캐: 조카

은어구이

작은생골집 김금숙

우리 어릴 땐 정말 돈이나 먹을 것들이 넉넉하지 않았다. 집집마다 많지 않은 논과 밭농사를 지으며 무엇이든 해서 돈을 벌려고 애썼던 것 같다. 우리 아버지, 엄마는 슴버덩 모래밭에 땅을 얻어 땅콩을 심었다. 땅콩은 모래밭에 잘된다고 한다.

언니, 나, 동생들은 아버지 우차를 타고 신나게 따라다녔고 모래밭에서 먼지를 뒤집어쓰고 놀며 하루를 보냈다. 해가 뉘엿뉘엿 넘어가면 캐놓은 땅콩을 우차에 가득 싣고 그 위에 우리 4남매는 떨어질 듯 말 듯 부둥켜안은 채로 덜컹덜컹거리는 개울을 건너왔다.

그때 우리 동네 앞 개울에는 산란기 때가 되면 연어가 물살을 타고 수없이 올라왔다. 집으로 오다말고 아버지는 우차를 세우고 그 커다란 연어를 수심이 얕은 곳으로 몰아서 잡았다. 우리들은 그게 좋아서 마구마구 소리를 질렀다. 어떤 것은 빠께쓰로 한가득 찰 정도로 컸다. 먹을 게 흔치 않았던 때 연어구이는 최고의 반찬이었고 동네 사람들과 나눠 먹으며 참 행복해했다.

우리 아버지는 개울에서 물고기 잡는 것을 참 좋아하셨다. 여름이 되면 통통하게 살 오른 은어를 잔뜩 잡아 왔다. 그리곤 마당 끝에 동그랗게 땅을 파고 그 안에 숯을 피웠다. 은어를 꼬챙이에 끼워 불 가장자리에 꽂아놓고 떡시루를 덮었다. 그렇게 하루 동안 훈제를 해서 장에 가서 팔기도 했다. 그 당시 은어구이는 일본에 수출되어 꽤나 비싸게 팔린다고 하셨다. 아버지는 은어구이에 상처가 조금이라도 생겨야 우리에게 한 마리 던져 주셨다. 아버지가 은어 훈제하는 걸 옆에서 손가락을 쪽쪽 빨며 지켜보며 은근히 상처가 나기만 기다렸다. 그러다 한 마리 더 주시면 우리 4남매는 큰 소리를 질렀다. 그때 그 은어구이 맛을 지금도 잊을 수 없다. 훗날 작은아버지가 일본에 출장 가셨을 때 호텔에서 훈제 은어를 맛보셨다고 하셨다.

이엉 잇던 날

큰생골집 김복순

어렸을 적 우리 마을엔 초가집들이 많아서 가을걷이가 끝나면 지붕에 이엉을 잇는 일이 가을 행사 중 하나였다. 집집마다 볏짚으로 이엉을 엮어 품앗이로 지붕에 새 옷을 입혀 주었다.

"복순아~"
 밖에서 이엉을 엮으시던 아버지가 부르셨다. 엮고 있던 이엉이 쌓여 있으면 끄트머리를 잡아당겨 길게 놓는 게 내 임무였다. 방에서 라디오로 연속극 '새마을 아가씨'를 재미있게 듣고 있던 나는 일어나서 고무신을 질질 끌며 마당으로 나갔다.

"아버지는 꼭 나만 불러. 해필이문 '새마을 아가씨' 나오는 시간에 주저리 주저리…."

 구시렁거리면서도 말은 잘 듣는 편이라 아버지는 나한테 그 일을 시키셨다. 아버지 앞에 잔뜩 쌓여 있는 이엉 끝을 쭈우욱 잡아 땡겨 마당에 길게 깔아놓고 후다닥 방으로 뛰어 들어갔다. 다행히 라디오에선 아직 '새마을 아가씨'의 밝고 낭랑한 목소리가 흘러나왔다.

 뒫에 있는 감나무 가지에 걸린 휘영청 밝은 달빛을 등불 삼아 아버지는 밤이 이슥하도록 이엉을 엮으셨고 그 작업은 며칠 계속됐다.

 꼽새(용말기) 엮는 작업을 끝으로 이엉 엮는 작업은 끝나고 날을 잡아 지붕에 이엉을 올린다. 작은아버지와 길환이 아재가 오셔서 일손을 도우셨다.

  장죽에 봉초를 꼭꼭 다져 넣고 불을 땡겨 담배를 피우시던 안에 집 아저씨는 양지바른 뜨락에 앉아서 긴 담뱃대를 휘휘 저으며 지붕 위에서 일하시는 어른들한테 훈수를 두셨다.

  "아이여, 아이여! 이 짝을 올래! 저 짝보다 이 짝이 지울었다니! 용말기는 단대이 틀어 매야 해"

  왁자지껄 반나절이 걸려 지붕에는 새 옷이 입혀지고 엄마는 부엌에서 분주하게 점심 준비를 하셨다. 점심이래야 삶은 국수에 막걸리 한 주전자였지만 어른들은 큰 숙제를 해결하고 난 뒤라 흡족함에 맛나게 잡수셨다.

  몇 해 지나지 않아 우리 마을에선 초가집이 하나, 둘 사라졌다. 새마을운동 중 하나인 지붕개량 사업으로 마을의 초가집은 대부분 스레트 지붕으로 바뀌게 되었다.

※ 수동말사전
1. 해필이믄: 하필이면
2. 지울었다니: 기울었다니
3. 용말기: 용마루
4. 스레트: 슬레이트

일흔 아들의 눈물

돌고지 이승우

2023년도 10월 어느 날, 94세가 넘도록 건강했던 울 엄마가 갑작스레 대소변을 가리지 못하게 되었다. 동생들과 이야기 나누고 엄마 허락을 받아 요양원에 모시기로 했다. 요양원이라는 곳에 대해 친구들에게 이야기를 많이 들었기에 선뜻 결정은 했지만, 마음은 편하지는 않았다. 요양원이라는 곳이 죽음의 대기소, 마지막 인생의 종착역이라고 하는데. 결정을 하고 한 달 동안은 요양원에 보내지 못하고 자식들을 키운 울 엄마 마음을 생각하니 뒤처리를 못 하고 요양원에 보내는 것이 자식 된 도리인가 싶어 무척이나 괴롭고 슬프고 눈물이 마냥 흘렀다.

 요양원 보낸 지 한 달이 지나 엄마가 있는 요양원을 12월 5일 생신날에 걱정 반, 조바심 반 방문하니 휠체어 타고 엄마가 나오는 모습이 입소 전보다도 훨씬 건강해 보였는데 엄마의 첫 마디가

 "돌아가라! 면회는 왜 왔니? 너희들 편해지려고 나를 이곳에 보냈어?"

하셨다.

 생각조차 할 수 없었던 엄마의 말에 갑작스레 말문이 턱 막혀 아들, 며느리, 여동생들 모두 아무 말도 할 수 없었다. 우리 엄마는 절대 자식들에게 그런 말을 할 엄마가 아니었다. 그런데 한 달 만에 뵙는 엄마의 첫 표정과 말에 모두가 아무 말도 할 수 없었다. 할 말이 무엇이 있겠는가? 엄마 마음 100% 이해한다는 말밖에. 그렇게 30여 분 면회를 끝내고 아들 말이라면 꿈뻑하던 우리 엄마

가 휠체어를 타고 돌아서는 모습을 보며 이게 마지막 모습일 것 같은, 영원히 볼 수 없겠구나, 하는 생각이 불쑥 들어, 나도 모르게 엄마를 부둥켜안고 큰 소리로 엉엉 울 수밖에 없었다. 그렇게 실컷 울고 나니 마음이 조금은 안정되고 풀렸다. 동생들과 집으로 돌아오는 차 안에서 엄마와 같이했던 어린 시절 생각이 아롱거렸다.

'양양 장날 30원짜리 국수 사달라 조르던 일, 꿀단지에서 꿀 훔쳐 먹고 꾸지람 듣던 일, 이른 아침에 장작을 팔아 오는 길에 참고서 사겠다고 철없이 돈 달라 조르던 일, 밤에 횃불 들고 강가에서 칠성장어 팔아 논갈이 품삯 하던 일, 시루떡 해놓고 외아들이라 한복판 떠 주던 일…'

돌이켜 생각해 보니 한없이 슬프기만 했다. 그렇게 집에 도착해서도 만감이 교차했다. 울 엄마는 자식을 위해 모든 것들을 다 들어 줬는데 나는 엄마를 위해 해준 것이 하나도 없는 것 같아 하염없이 눈물이 흘렀다. 이렇게 첫 면회를 하고 석 달 뒤 두 번째 면회 때 엄마는 아주 밝은 표정으로

"요양원이 참 좋은 곳이다. 시간 맞춰 세 끼 식사 또박또박 나오고 덥지도 춥지도 않고 아주 좋은 곳이다. 이렇게 잘 해주니 여기 노인들이 죽지 않는다. 빨리 죽어야 할 텐데…"

하셨다.

같은 나이대에 친구들과 생활하니 일과가 즐거운 모양이다. 적응이 된 것 같아 마음이 편해지긴 했지만 그래도 애처롭기만 했다.

그렇게 지내시다 우리 엄마는 요양원 입소하신 뒤 1년 하고 7일이 지난 24년 11월 9일 아흔다섯 평생을 뒤로 하고 저 먼 나라로 훌훌 떠나셨다.

어느덧 내 나이도 74살이다. 앞으로 몇 년이 될지 몇십 년이 될지 모르지만 언젠가는 울 엄마처럼 요양원에 가게 될 것이다. 어떻게 보면 인생이란 것이 너무 허무한 생각이 들어 또다시 눈물이 흐른다.

부모는 자식을 낳아봐야 알고, 자식은 부모가 죽은 뒤 철이 든다고 한다. 내 나이 70이 넘어서야 겨우 철이 들다니. 살아계실 때 좀 더 잘했더라면 후회가 끝없이 밀려온다.

장마

큰생골집 김복순

"뭔 하늘에 구녕이 뚫랜기여. 비가 와두 원 에지가이 와야지."

마루에 앉아서 밖을 내다보시던 아버지가 꼼꼼하게 말은 봉초에 성냥불을 붙여 입에 가져가며 혼잣말을 하셨다.

며칠째 내리는 장맛비로 하늘은 시커멓게 잿빛이고 굵은 장대비가 쉴 사이 없이 쏟아붓고 있었다.

오후가 되면서 생골 도랑물이 불어나기 시작했다. 싯누런 흙탕물에 나뭇가지도 휩쓸려 내려오더니 물은 우리 집 마당 끝까지 넘실댔다. 아버지는 급박해진 목소리로 배끔말 외갓집으로 피란 가야겠다고 엄마를 재촉하셨다. 당장 덮을 이불 두어 장 챙긴 우리 가족은 아버지 외가인 월둔집으로 갔다. 거기도 방이 두 칸뿐인지라 우리 식구들은 마구간에 있기로 했다. 소를 밖으로 내다 메고 외할아버지와 아버지는 마구간을 치웠다. 바닥에 마른 짚을 두껍게 깔고 멍석을 깔았다. 사방 벽을 멍석으로 둘러치니 그럴듯한 방 한 칸이 만들어졌는데 소똥 냄새까지 없애지는 못했다. 갑자기 늘어난 식구에 엄마는 외할머니를 도와 칼국수를 끓여 저녁을 때웠다.

날은 어두워지고 비는 쏟아지고. 꿉꿉하고 후텁지근한 공기에 소똥 냄새가 더해진 우리들의 보금자리. 다들 자러 들어갔는데 승기하고 막내가 소 여물통을 붙들고 버티고 있다.

"싫단 말이여. 난 소똥 냄새나는 집에 안 들어간다 말이여. 우리 집으로 갈끼란 말이여."

승기 옆에서 막내도 입을 쭈욱 내밀고 시위를 하다 결국 엄마 손에 부지깽이를 들게 했다. 밤새 모기와 파리는 우리를 공격했고 잠결에 멀리서 '쿠웅쿵 쿵쿵' 소리가 그악스런 빗소리에 섞여 들려왔다.

"아이구야! 다 떠내래 가는 기네. 다 씰래 가는 기여."

아버지와 엄마의 한숨 소리로 깊었던 이틀 밤을 그곳에서 지냈다.

비가 그치고 마을 사람들이 마을 앞 냇가로 물 구경을 나갔다. 냇물은 불을 대로 불어서 큰 강이 되어 무섭게 소용돌이치며 흘렀다. 비는 그쳤지만 휘돌아 치며 흐르던 물살은 아직도 물가에 남아 있는 논이며 밭을 쩌억쩌억 떼어 갔다.

망연자실 땅바닥에 주저앉은 이들은 아마도 그 논과 밭의 주인들이었지 싶다.

그해 장맛비는 우리 동네 지형 일부를 바꿔 놓았다. 봄이면 뽐을 뽑고 아카시아꽃을 따먹던 버덩. 여름엔 미쳐 익기도 전인 율구를 따서 갈라 먹고 목걸이 만들어 걸었던 그 버덩. 4-H 회원들이 감자를 심었던 그곳이 다 사라지고 물길은 마을 쪽으로 가까워졌다.

훗날 태풍 루사 때 아버지께서

"갑자년 수해도 컸었는데 루사 수해는 더 무서웠다."

하셨다.

※ 수동말사전
1. 구녕이: 구멍이
2. 에지가이: 어지간히
3. 마굿간: 외양간
4. 다 씰래: 다 쓸려
5. 율구: 해당화 열매

장마, 아버지와의 등교

당승게미집 김인숙

1972년 나는 한남 국민학교 1학년이었다. 당시 마을엔 전기도 들어오지 않았고 마을에서 외부로 나가는 길도 제대로 확장되지 않아 양양 시장이나 다른 마을로 갈 때는 걸어서 다녀야 했다. 마을에 자전거가 있는 집도 많지 않았다. 당연히 마을의 학교 다니는 아이들도 용천리에 있는 국민학교까지 왕복 두 시간 정도를 걸어 다녔다.

마을에서 외부로 나가는 길은 두 가지 방법이 있었다. 첫 번째 방법은 마을의 1반인 돌고지에서 지금의 콘크리트 다리를 대신하던 강 위에 놓인 나무다리를 건너 섬버덩 마을을 지나 나무다리를 두 번 더 건너면 용천리에 도착할 수 있었다. 두 번째 방법은 지금은 거의 사용하지 않는 길로 돌고지에서 범부리로 이어지는 산에 난 오솔길을 따라 범부리와 용천리를 거쳐 상평리와 양양 읍내로 갈 수 있었다. 첫 번째 길이 학교와 더 가까운 길이라 학생들은 나무다리를 건너서 학교에 다녔고 마을 사람들도 시장을 갈 때 이 길을 이용했다. 하지만 여름이면 연례행사처럼 홍수가 나서 나무다리가 다 떠내려가곤 했는데 그러면 강에 나무다리를 마을 어른들이 다시 놓을 때까지 더 멀리 돌아가는 산의 오솔길로 학교에 다녔다.

그해 7월 여름 장마로 마을 앞 강물이 엄청 불어났다. 약간 높은 지대에 있는 우리 집 마당에서도 마을 앞을 흘러가는 황토빛 강물이 넘실거리는 것이 보였다. 아버지는 아침 일찍 동네를 한 바퀴 둘러보고 오신 것 같았다. 아랫마을에서 돌고지로 이어지는 길이 완전히 물에 잠겨서 통행할 수 없다고 하셨다.

  아침을 먹고 나서 아버지는 나를 부르더니 못자리용 비닐을 잘라 내 양쪽 다리를 칭칭 감았다. 잠시 후엔 양팔도 비닐로 감았다. 어깨에 메는 책가방을 비닐로 감싸서 아버지가 들고 내게 비옷을 입혔다. 비는 많이 잦아들어 빗줄기가 세차지 않아도 여전히 내리고 있었다. 나는 아버지의 손을 잡고 아랫마을까지 걸어갔다. 아랫마을에 도착하니 돌고지로 이어지는 길이 모두 잠겨 강물이 넘실거리고 있었다. 사람이 다닐 수 있는 상황이 아니었다. 아랫마을까지 오면서 길에는 학교 가는 마을의 언니, 오빠들이 한 명도 보이지 않았지만 어린 나는 아버지 손을 잡고 그저 아무 생각 없이 따라가기만 했다. 아랫마을에 도착하자 아버지는 나를 업고 산으로 올라가셨다. 그 산은 아랫마을부터 돌고지로 이어지는 산이었다. 산길을 헤쳐가면서 아버지는 쐐기가 많으니 아버지 등에 고개를 숙이라고 했다. 그때야 나는 아버지가 내 다리와 팔에 못자리용 비닐을 감은 이유를 알았다. 산을 통과해야 하니 여름이라 나뭇잎에 붙은 쐐기에 쏘일까 걱정되어 그렇게 비닐을 감았던 것이다. 아랫마을에서 돌고지까지는 마을 길로 걸어가도 20분 정도 걸리는 꽤 먼 거리다. 그 거리를 산을 넘어서 덩치 큰 딸을 업고 갔으니 얼마나 힘이 들었을까 생각하면 지금도 눈물이 앞을 가린다. 돌고지부터 학교까지의 길도 산으로 난 오솔길을 통해 가면서 위험한 곳에선 계속 나를 업고 가다 걸어가기 편한 곳에서만 내려놓았다. 그렇게 학교에 도착하니 오전 10시가 넘었던 것 같다.

지금도 모든 선생님이 아버지와 나를 보고 놀라서 이 날씨에 어떻게 오셨냐며 학교 중앙 현관으로 뛰어나오시던 모습이 생생하다. 선생님들께선 천재지변이라 오늘 학생들은 등교하지 않아도 된다고 하셨다. 정말 그날 학교는 학생들이 등교하지 않아 너무나 조용했다. 아버지는 내가 맏딸로 1학년이라 처음 학부모가 되어 천재지변이면 학교에 가지 않아도 되는 것을 몰랐고 나도 몰랐다. 아버지와 나는 왔던 길을 다시 손을 잡고 걸어서, 때론 아버지 등에 업혀서 산을 넘어 점심때가 다 되어서야 집으로 돌아왔다.

그런 우리 아버지가 마흔셋의 이른 나이에 뇌종양으로 돌아가셨지만, 나는 그때까지 받은 큰 사랑으로 국민학교, 중학교, 고등학교 12년 동안 지각, 조퇴, 결석 한 번 하지 않고 학창 시절을 보냈다. 아버지가 일상생활에서 보여주신 자식에 대한 사랑과 성실함은 내 삶의 자양분이 되어 나를 성장시켰고 어려울 때마다 나를 지탱해 주고 이끌어 주는 나침반이 되어주었다. 고향의 모든 어머니, 아버지 사랑합니다.

장작 팔러 갔던 날

큰생골집 김옥이

울 큰언니랑 둘째 언니한테 들은 이야기랍니다.

국민학교 시절 어느 날 울 언니들은 영화는 보고 싶은데 돈은 없으니 장작을 팔아서 영화 볼 돈을 마련해야겠다 생각했답니다. 국민학생이 머리에 이고 갈 정도의 장작을 한 묶음씩 해서 머리에 이고는 아주머니 몇 분을 따라 이른 저녁에 꼬불꼬불 배룽길을 돌고 돌아 야양 읍내에 도착했답니다. 그때는 장작을 파는 일이 불법이어서 단속을 피하기 위해 밤에 몰래 거래를 했나 봅니다. 울 언니들은 장작을 처음 팔러 갔으니 어디서 어떻게 파는지 몰라 무조건 동네 아주머니들을 따라갔대요.

장에 막 도착해서 장작을 막 내려놓았는데 갑자기 호루라기 소리와 함께 경찰이 단속을 나왔대요. 호루라기 소리를 들은 동네 아주머니들은 장작을 버리고 냅다 도망을 쳤는데 어린 울 언니 둘만 붙잡혔대요. 어린 나이에 얼마나 무서웠을까요?

어렸을 적 기억에 어른들이 늘

"떼쓰고 울면 순사가 잡아간다."

소리에 뚝 그치곤 했는데 울 언니들은 그 무서운 순사 앞에서

"날도 깜깜한데 우리는 동네 아주머니들 놓치면 집도 못 찾아가 집에 갈 수 없으니 어쩌면 좋아요."

하면서 악을 악을 쓰고 울었답니다.

그랬더니 순사가

"장작값이 얼마니?"

하더래요.

  언니들은

"우리는 처음이라 얼마인지도 몰라요. 앙~ 앙~"

  울기만 했대요.

"너희들 동네 아주머니들을 어디서 만나기로 했어?"

하길래

"영화관 앞에서 만나기로 했어요."

하면서 계속 악을 쓰고 울었대요.

  순사가 언니들이 보기 딱 했던지 장작값도 주시고 영화표 값도 주시며 영화관 앞까지 데려다주셨대요.

  큰 언니는 작은 언니 손을 꼭 잡고 영화를 보는 둥 마는 둥 영화 끝나고 나오면 동네 아주머니들을 놓칠까 봐 끝나기 전에 미리 나와 영화관 앞에서 하염없이 기다렸대요. 그러다 다행히 영화를 다 보고 나오는 아주머니들을 만나서 무섭고 깜깜한 베롱길을 지나 집으로 무사히 돌아올 수 있었대요. 글쎄.

장비

원일아집 김채원

내가 태어나고 자란 곳은 수리 556번지이다. 2남 4녀 중 셋째 딸로 태어났다. 제일 큰 언니는 10살 무렵 도랑에서 물을 이고 오다가 파상풍이 걸려 죽었다고 한다. 그땐 병원도 많지 않고 다들 어렵게 살아서 그런지 그렇게 안타깝게 죽는 경우가 종종 있었다.

어릴 때 내 이름은 쟁비다. 아들을 바라며 지은 이름이라고 한다. 아들을 다섯 낳아 기르신 재골집 할머니가 '쟁비'라고 지어주셨다고 한다. 그래서인지 바로 아래 남동생이 태어났고 나중에 여동생 한 명과 막내 남동생까지 태어났다. 쟁비라는 이름이 친구들도, 마을 어른들도 늘 불러주는 이름이었기에 당연한 줄 알고 자랐다. 그런데 국민학교에 입학하니 '희숙'이라고 해서 깜짝 놀랐다. 선생님도 친구들도 희숙이라 부르니 어색하고 내 이름이 아닌 것 같아 너무 부끄러웠다. 입학해서 처음 알게 된 내 이름 김희숙! 그래서 친정에 가면 마을 어르신들은 희숙이라고 하면 모르시고 쟁비라고 해야지 빨리 알아보신다.

어릴 적 나는 남보다 철이 빨리 들었던 것 같다. 초가을이면 아침 일찍 일어나 집 옆에 큰댁 논두렁에 나가 메뚜기를 한 통씩 잡아다 놓고 등교했다. 하굣길에도 메뚜기를 잡아 버들강아지풀 줄기에 꿰어 귀가하곤 했다. 데쳐 말려서 판 돈으로 엄마는 곤로를 사 놓으셨다. 편리하게 사용하시는 엄마의 모습에 뿌듯한 마음이 들었다. 그때부터였는지 모르지만 나의 생활력은 가난 속에서 고되게 사시는 부모님의 일상을 보며 머리와 몸이 먼저 배웠는지도 모른다.

어느 집이나 그렇듯 왜 그렇게 가난했는지, 아래로 셋 있는 동생들 생각에 중학교를 가지 않았다. 간다고 떼를 썼으면 배웠겠지만 무슨 이유였는지 일찍 돈을 벌어야 한다는 의무감이 들었다. 남들 다 가는 중학교를 포기하고 돈이 된다는 것은 무엇이든지 하려고 했다. 할머니랑 이웃 마을로 인동꽃 따러 다니기도 했다. 그 돈으로 리어커도 사고, 혼자 산에 들어 약초 캐서 집안 가계에 조금이나마 보탬을 주곤 했다. 그리고 일본으로 수출하는 홀치기도 하며 돈벌이를 했는데 그때 읍내에서 양복점을 하시는 삼촌께서 양복 배우라고 하셔서 나의 의지와 상관없이 바지 만드는 기술을 배워 부모님을 도와드렸지만, 마음 한편에는 배우지 못한 한이 늘 자리 잡고 있었다.

결혼해서 아이 둘 키우며 사는데 YWCA에서 야간 중학교를 신설했다며 친구로부터 전화가 왔다. 같이 공부하면 어떻겠냐고 하길래 고민해 볼 것도 없이 바로 등록했다. 배움을 갈망했던 만큼 주경야독을 하면서도 힘든 줄 몰랐다. 3시간씩 주 5일을 배우고 귀가하면 보통 11시 가까이 되었다. 그렇게 1년, 예비시험을 집중적으로 복습한 나는 검정고시로 그렇게 바라던 중학교 졸업장을 땄다. 졸업장을 받는 순간 얼마나 행복하던지 지금도 그때를 생각하면 가슴이 벅차오르고 콧등이 찡하곤 한다. 이어서 이듬해 방송통신고등학교에 입학, 휴일에 3년을 다니며 고등학교 졸업장도 손에 쥐었다.

그러던 어느 날, 재미로 지인 따라 간 작명소! 작명가 말이 개명하면 삶이 순조롭다는 말에 혹해서 그 후 내 이름은 '채원'이가 되었다. 그러고 보니 나는 일 욕심 많은 만큼 이름 욕심도 많은가 보다. 가끔은 이런 생각을 한다. 그 옛날 나를 중학교에만 보내줬어도 지금보다 더 나은 삶을 살고 있지 않을까? 라는 생각을 하곤 한다. 하지만 후회는 없다. 주어진 현실을 받아들이며 살 때는 물론 힘든 순간도 있었지만 그 모든 경험이 나를 성장시킨 것 같다. 오늘도 나는 그동안의 나를 다독이며 한 걸음씩 나아가고 있다.

찰떡 추렴

큰생골집 김복순

가을걷이 끝낸 들은 황량한 바람을 불러들였고
동지 무렵이면 아이들은 더 이상 밖에서 놀지 않았다.
우리들의 놀이 장소는 방앗간집 복자네 사랑방이거나
뒷방집 인자네 사랑방이었다.

옹기종기 모여서
공책 표지 이면에 화투 그림을 그리고 오려서 가지고 놀다가
누군가
"야덜아 우리 찰떡 추럼 할래?"
말을 꺼냈다.
아이들은 금세 의기투합했지만 나는 망설여졌다.

우리 집은 논이 없어서 쌀을 사 먹었고 그것도 풍족하지는 않아
제사 때만 쌀밥을 짓는 걸 알고 있었기 때문이었다.
더구나 찹쌀이 우리 집에 있을 리 없었다.

옆에 앉았던 뒷방집 선녀 언니가
"복순아 니두 하지?"
물었다.
얼떨결에 대답은 했는데 속상했다.

찹쌀은 한 되든 두 되든 각자 할만큼 하자는 둥
쌀에 맞게 팥도 있어야 된다는 둥
떡 할 때 쓸 나무도 가져와야 된다는 둥
신나서 계획을 짜는 아이들 곁을 슬그머니 빠져나온 나는
터덜터덜 걷다가 괜히 돌멩이를 걷어차며 집으로 갔다.

다음 날
나는 아예 놀러 나가지 않고 집에만 있는데
작은 언니가 들어오더니
"복순아 아덜이 인숙이네서 찰떡 추럼 한다던데 니는 안 가?"
묻는다.
꼬라지가 난 나는 두 무릎을 세우고 앉아서 고개를 외로 꼰 채
로 대자리 골에 끼인 때만 손톱 끝으로 깔짝깔짝 후벼파며
심퉁 맞게 안 간다고 했다.

그때 엄마가 들어오시더니
"찹쌀 한 되랑 팥이랑 줄 테니 가서 떡 추럼 해."
"싫어! 안 가."
"어여 갔다 와.
쌀을 담가야 떡을 하지. 늦게 가믄 쌀 못 담가."

엄마의 권유에 못 이기는 척 일어나
　내어 주시는 쌀이랑 팥을 들고 마당을 나서는
　내 등 뒤에서 들려오는
　"복순아 떡 다 먹지 말고 한 개만 냉개와~~"
　작은 언니 목소리가 금세 멀어지며 두 다리는 덩실덩실 인숙이네 집으로 내달렸다.

　찰밥을 쪄서 암반에 쏟아 떡메 두 개가 암반머리에서 한참을 춤추고
　한쪽에서는 삶은 팥을 찧고
　암반에 찧은 팥을 깔고
　떡 뭉치를 올리면
　아이들은 암반가에 나래비로 앉아 길게길게 떡 뭉치를 늘렸다.
　하하 호호 재잘재잘 깔깔거리면서

　다 만들어진 떡은 모양도 크기도 제각각이었지만
　나눔에 있어서 불만을 말하는 이는 아무도 없었다.
　한 되 낸 아이는 한 되만큼
　두 되 낸 아이는 두 되만큼
　떡을 분배받았고
　각자 받은 떡에서 일부는 장소를 제공해 준 인숙이네로 내놨다.

시래기 된장국에 김치를 반찬으로 먹는 떡은 정말이지 맛있었다.

떡을 남겨서 집에 가져갈 생각에 아껴아껴 먹고 있는데

누군가 떡 두 덩이를 내 그릇에 슬며시 담아 주었다.

떡 먹는 데만 정신이 팔려 누구 손이 왔다 갔는지.

쑥스러움에 누구냐 묻지 못했으니 고맙다 인사도 못했다.

아마도 한 되 분량만 받은 내 그릇에 떡이 적어 보여 안쓰러워 그랬나 보다.

그날 저녁
떡 그릇을 안고 집으로 돌아오는 길에
날아갈 듯 가벼운 발걸음은 또 덩실덩실 춤을 추었다.

나중에 들어 알게 됐는데
작은언니한테 아이들 떡 추렴 이야기를 전해 들은 엄마는
이웃집에서 찹쌀을 꾸어 오셨다고 했다.
지금도 생각하면 미안하고 고맙다.

친구야, 밥 먹자

원일아집 김채원

우리 어릴 땐 다들 부엌 아궁이에 불을 때서 밥도 해 먹고 방안도 따뜻하게 했다. 아마 나는 국민학교 5학년 때부터 나무하러 산엘 다녔던 것 같다. 학교를 마치고 돌아오면 헛간에서 낫과 새끼줄을 챙겨 인자랑 건둔지로 나무를 하러 갔다. 누가 시키지도 않았는데 우리가 알아서 그랬다. 땔감을 하러 가는 일은 일상이었지만 우린 그걸 놀이처럼 즐겼다.

우리 집과 인자네 집 사이엔 애령이네 집이 있었다. 셋이 자주 어울려 놀곤 했는데 공기놀이나 사방치기를 할 때 애령인 자기가 불리하다 싶으면 팽개치고 집으로 줄행랑치곤 했다. 그런 애령이를 따돌리는 일은 애령이가 못하는 나무를 하는 일이다. 그렇게 몰래 둘이 생골 꼬댕이집 언덕을 오를 즈음 눈치 빠른 애령이가 낫과 새끼줄을 들고 헐레벌떡 따라오기도 했다.

나무할 때마다 인자는 여기저기 건너뛰며 큰 나무만 골라 했고, 나는 한 자리에서 꼴을 베듯 싹싹 잘라 나뭇단을 만들곤 했다. 한번은 언니들과 절골에 가서 낙엽송으로 나뭇단을 만들었는데 내 힘에 넘치게 너무 크게 만들고 말았다. 너무 커서 '이걸 어떻게 이고 가지.' 걱정하던 차에 나보다 키가 큰 인자가 나뭇단을 바꿔 이고 가자고 했다. 지금 생각해 보면 내 체력에 맞게 덜어놓으면 되는데 그 생각을 못 하고 덜컥, 인자 말에 수긍하고 말았다. 그래서 내가 만든 나뭇단은 인자가 이고, 인자 나뭇단은 내가 이고 그 먼 길을 내려왔다.

몇 년 인자에게 그 이야기를 꺼냈더니, 그 일을 전혀 기억하지 못하고 있었다.

인자가

"혹시 내가 그걸 우리 집으로 가져가든?"

라고 해서

"아니, 니가 우리 집까지 여다 주더라."

했다.

농담 잘하는 인자는 또 한마디 한다.

"어머! 내가 어릴 적부터 천사였나 봐!"

"그런가 보다야."

하고 맞장구를 치니 인자가 까르르 웃으며 뒤집어졌다.

세월이 흘러 우리의 눈가 주름은 깊어졌지만, 그 순간은 지금도 생생하다. 다음에는 꼭 인자를 불러내어 나무하던 이야기하며 맛있는 밥 한 끼 먹어야겠다.

칠성이

뒷방집 김숙자

내 고향 수리水里는 지명에서 알 수 있듯 예전엔 물골이라 불렀다. 마을 앞에는 큰 남대천 개울이 있어 유독 물에서 놀던 추억이 많다. 초여름 밤으로 기억된다. 집집마다 멍석을 펴고 둘러앉아 저녁을 먹었다. 밥상을 치우고 나면 멍석에 누워 아버지의 팔베개를 베고 구구단도 외우고 밤하늘 별을 세곤 했다. 그래도 심심한 우리들은 야심한 밤에 오빠를 따라 마을 앞 개울로 칠생이를 잡으러 갔다. 칠생이는 표준어로 칠성장어인데 우린 그렇게 불렀다. 반도, 손전등, 비료포대, 그리고 아버지의 양말을 챙겨 언니와 나는 그때 무슨 작전이라도 펴듯 비장하게 오빠를 따라나섰다. 칠생이는 바다에서 강으로 올라와서 알을 낳는 어종으로 이제는 보기도 힘들다. 개울에 커다란 보를 막으면서 서서히 개체수가 줄었고 최근엔 멸종위기종으로 함부로 잡을 수 없다고 한다.

칠생이 몸에는 일곱 개의 동그란 아가미가 있어서 그렇게 부른다. 입도 동그란 빨판 모양으로, 돌에 고정하며 무리 지어 이동하곤 한다. 녀석들은 하도 민감해서 조심스럽게 접근해야만 잡을 수 있다. 오빠는 물소리를 내지 않도록 허벅지까지 바지를 걷어 올리고 조심스럽게 다가갔다. 자칫 발을 잘못 디뎌 넘어지기라도 하면 한 무리의 녀석들은 순식간에 자취를 감추기 때문이다. 오빠는 반도를 대고, 나는 손전등을 들고, 언니는 위에서 발로 무리 중 한 마리만 건드리기만 해도, 겨우 들 수 있을 정도로 반도 속이 우글우글했다. 그러면 오빠와 언니는 손에 양말을 끼고 비료 포대에 주워 담았다. 순식간에 가득 찬 포대를 들고 와 뒤란 수돗가 물당꼬에 가두어 놓으면 한동안 우리들의 훌륭한 보양식이 되었다.

  장어는 손질이 관건인데, 일곱 개의 숨구멍 부위를 힘줄을 살리고 잘라야 한다. 잘못 동강 냈다가는 힘줄을 뺄 수가 없기 때문이다. 그 몫은 고스란히 질긴 고기를 먹어야만 한다. 힘줄을 빼고 나면 잘린 부위를 처마 지시랑물 떨어진 자리의 고운 모래에 살살 비벼 껍질에 손톱이 들어갈 만큼 여유만 있기만 하면 쫙 벗긴 후 적당히 잘라 석쇠에 구워 먹었다. 요즘에야 각종 소스며 레시피가 넘쳐나지만 그때는 굵은 소금만으로도 기막히게 맛있었다. 요즘 아이들의 최애 간식인 피자, 치킨에 비할까?

  하루는 뒷집 월둔집 할아버지께서 불러 가보니 마당에서 장어를 굽고 계셨다. 할아버지 옆에 쪼그리고 앉아 잘 구워진 고기를 얻어먹은 그 맛도 잊을 수 없다. 녀석은 워낙 지방이 풍부하여 굽는 동안 숯불이 꺼질 정도로 연기가 나고 지나는 길에도 맡을 정도로 굽는 냄새가 골목골목 진동했다. 이제 와 생각해 보면 그 징그러운 녀석들을 어떻게 만졌는지 몸서리가 쳐지지만 우리는 서로 경쟁이라도 하듯 이마와 팔에도 붙여가며 용기를 과시하며 놀았다. 떼고 나면 빨판 자국이 부항 자국처럼 선명하게 남았고 우리는 서로를 바라보며 깔깔거리며 웃었다. 어쩌다 고향을 찾아가 보면 예전과 많이 달라진 앞 개울이며 마을의 모습이 낯설기도 하지만 그 속에서 놀던 어린 시절의 내가 개울가에서 뛰어노는 듯하다.

하굣길

뒷방집 김인자

책보자기
허리춤에 둘러매고
집으로 가는 길

징. 검. 다. 리.

먼저 건넌
남자아이들
돌멩이 한 움큼씩

우리들은
건널까 말까
멈칫멈칫

얘들아, 빨리 건너자!
하나, 둘, 셋, 넷

튕겨 오르는 물방울 사이로
껑충껑충
겅중겅중

친구 양은 도시락
떨그럭떨그럭

내 양철 필통
딸그락딸그락

학교 가는 길

원일아집 김동수

한남초에서 돌고지 쪽으로 가는 산길을 우린 배롱길이라고 부른다. 요새는 사람들이 잘 다니지 않지만, 벚꽃 하얗게 피는 봄날이면 산길을 걷는 사람들이 제법 많다. 그 건너 섬 버덩 과수원 밭 그레한 복사꽃 필 때면 마음조차 화사해지는 것 같다. '고향의 봄'에 나오는 노랫말 가사 '나의 살던 고향은 꽃피는 산골🎵' 그대로다.

이 길은 50여 년 전 내가 국민학교 1학년을 다닐 땐 겨우 한 사람이 다닐 수 있는 그런 좁은 산길이었다. 그런 길을 까만 고무신에 가방 메고 그렇게 다녔다.

몇 년 뒤 자동차가 다닐 수 있는 넓은 길이 뚫렸다. 지금처럼 굴착기도 없던 시절 그 힘든 일을 순전히 마을 사람들의 힘으로 길을 해냈다. 바위를 깨기 위해 구멍을 뚫어 남포를 터뜨렸는데 학교에서 공부하다 보면 수시로 '꽝' 하는 소리가 들려오곤 했다. 깨진 바위들과 흙을 지게와 리어카에 담아 옹벽을 쌓고 길을 뚫었다. 그게 새마을운동이었다. 다 뚫린 게 74년쯤인 것 같다. 그때부터 우리 마을에도 버스가 들어왔다. 버스가 들어왔어도 중학교 다닐 때 주로 자전거를 타고 그 길을 다녔다. 나중에 섬 버덩 쪽으로 시멘트 다리가 놓이고 찻길이 새로 생기는 바람에 이제는 별로 쓸모가 없어졌다. 어쨌든 비가 오나 눈이 오나 국민학교 6년을 걸어 다니던 길이라 뛰다 보면 한 굽이 돌 때마다 그때 동무들이랑 재잘거리며 걷던 모습들이 눈에 선하게 떠오르고 그 동무들의 말소리가 그대로 들리는 것만 같다. 어느 핸가 아침에 달리다가 그 길 끝나는 곳에 있는 밤나무가 때마침 밤송이가 입을 벌리고 있었다. 반가운 마음에 가보니 토실토실한 알밤들이 수풀 사이 이곳저곳에 떨어져 있다. 주머니에 한가득 담아오면서 껍질을 벗겨 먹었다. 잘 익은 밤을 칼로 깎지도 않고 입으로 벗겨내 노란 속을 입안에 넣고 먹을 때 그 고소하고 달콤한 맛은 직접 밤을 주워 먹어보아야 더 실감이 난다. 국민학교 땐 공부하면서도 '오늘은 몇 톨이나 떨어져 있을까?' 하고 온통 생각은 그곳에 가 있었다. 그까짓 밤 몇 톨에 뭐 그리 가슴 설레냐고 하겠지만 돈만 주면 맛있는 것 실컷 사 먹을 수 있는 요새 아이들에겐 그 마음이 전혀 와닿지 않을 것이다. 깡촌이라 장날이 아니면 가게 구경도 한번 할 수도 없었고, 먹고살기 어려운 때라 군것질은 꿈도 꿀 수가 없었다. 담뱃집 점방에 있던 단팥빵을 볼 때마다 얼마나 먹고 싶었는지 어릴 적 내 꿈은 이다음에 돈 벌면 빵 한번 실컷 사 먹는 것이었다. 그러니 배고플 때 먹을 거라고는 들판에 널려 있는 것들을 찾는 게 우리들의 일이었다.

 봄이 되어 들판에 새싹이 막 돋아나기 시작하면 아주 작고 가느다란 싹이 비죽이 올라오는데 이걸 뽑아서 가운데를 살짝 열면 그 속에 하얗고 보드라운 속이 들어 있다. 다른 동네에선 이걸 삘기라고 불렀다는데 우리 동네에선 뽐이라고 불렀다. 요걸 입에 넣고 씹으면 너무 달짝지근하다. 뽐을 뽑아가는 건 수리 아이들이었다. 얼마 뒤엔 보드라운 찔레순을 꺾어 먹었고, 땅바닥 납작 붙어 있는 쏘개를 뜯어먹었다. 쏘개라고 부르기만 해도 입안 가득 군침이 돈다. 나중에 박완서 소설 '그 많던 싱아는 누가 먹었을까?'를 읽으면서 싱아가 바로 우리가 쏘개라고 부르던 거라는 걸 알았다. 어떤 날엔 소나무 부드러운 줄기를 꺾어 껍질을 벗겨내고 그 속 하얀 껍질을 송구라고 불렀는데 그걸 껌처럼 씹기도 했다. 그러면 입안 가득 솔 향기가 돌았다. 초여름엔 개울가에 널려 있는 빨간 해당화 열매를 따서 가운데 씨앗을 파내고 가느다란 나무줄기에 한 줄씩 꿰어서 학교 오가며 배고픈 걸 이겨냈다. 그때 율구를 꿰던 그 나무줄기가 야관문이라는 것도 어른이 되어서야 알게 되었다. 여름엔 소 먹이러 가서 감자를 캐다 불 피워 구워 먹었고, 가을이 되면 먹을 수 있는 게 바로 밤이었다. 학교 오가던 길에는 범부 넘어가는 골짜기 시남이네 밭 옆에, 돌고지에서 움배롱 올라오기 전 산기슭에 커다란 밤나무가 몇 그루 있었다. 그 아래서 오늘처럼 밤을 주머니 한가득 줍는 날은 얼마나 든든하던지. 고소한 밤을 까먹으면서 동무들과 즐겁게 오가던 그 길은 지금도 생생하다. 남들보다 먼저 줍기 위해 날이 새기가 무섭게 달려가 아직 찬 이슬 맺혀 있는 풀숲에서 바짓가랑이를 적셔가며 가랑잎이나 풀잎 뒤에 숨어 있는 토실토실한 밤 한 톨을 줍는 그 순간은 소풍 가서 보물을 찾았을 때 바로 그 느낌처럼 짜릿했다. 어떤 날엔 아침 일찍 밤을 주워 먹으러 온 귀여운 다람쥐랑 눈이 마주칠 때도 있는데 처음엔 경계하던 이놈도 자기를 해치지 않는다는 것을 알아차리면 멀리 달아나지도 않고 두 눈 말똥거리면서 제 하던 일을 멈추지 않았다.

우리 어렸을 땐 밤나무 알락이 떨어지면 학교가 끝나기 무섭게 서로 먼저 밤을 줍겠다고 산길을 달려갔다. 학교가 끝나자마자 학원으로 달려가는 요즘 아이들은 어른이 되면 어디에서 그런 달콤한 추억을 찾을 수 있을까?

한 여름밤 버덩 잠

당승게미집 김인숙

버덩의 사전적 정의는 '높고 평평하며 나무는 없고 풀만 우거진 거친 들'이다. 그러나 내 기억 속의 우리 고향의 버덩은 마을 앞에 흐르는 강 양쪽으로 크고 작은 둥근 돌이 많은 넓은 곳이었다. 지금은 그 모습이 변했지만 내가 국민학생이던 1970년대 마을 앞 버덩은 넘말 아이들의 최고 놀이터였다. 버덩 한쪽에 군락을 이루고 있던 버드나무에 물이 오르는 봄이면 동네 언니 오빠들과 버들피리를 만들어 불던 기억, 버들피리 소리를 잘 내지 못해 입김만 세게 후후 불면서 멋지게 소리를 잘 내던 복남이 언니와 동섭이 오빠를 몹시 부러워했던 기억이 새롭다. 여름밤에는 낮에 놀면서 버덩에 돌을 쌓아 둥글게 울타리를 만들고 안쪽 바닥엔 평평한 돌을 깔아 만들어 놓은 각자의 버덩 돌집에 옷을 벗어 놓고 멱을 감던 즐거운 기억, 친구들과 짝을 지어서 하는 '많은 공기놀이'에 필요한 250개에서 300개 정도의 동그랗고 작은 공기돌을 찾기 위해 열심히 누비던 버덩이 눈에 선하다.

해가 긴 여름날 모여 놀다가 또는 친구 집에 모여 각자 세숫대야에 한 가득씩 담아온 저녁밥에 넣을 감자를 깎으며 누군가 제안하곤 했다.

"오늘 너무 더운데 우리 저녁에 버덩 잠 자러 갈래?"

그러면 모두 기다렸다는 듯

"좋아!"

라고 합창하듯 대답을 했다. 그러면 그날은 저녁을 먹은 후 담요

나 얇은 이불에 베개를 둘둘 말아 옆구리에 끼고 버덩으로 나간다. 버덩에 도착하면 각자의 잠자리를 만들었다. 대부분은 이전에 버덩에서 놀면서 만들어 놓은 각자의 돌집이 있어서 잠을 자기 편하게 약간씩 손을 보는 정도였고 돌집이 없는 친구가 있으면 우리는 버덩에서 알맞은 돌을 몇 개씩 주워 와 담을 쌓고 바닥을 평평하게 만들며 그날 잘 집을 함께 뚝딱 만들곤 했다. 무슨 얘기로 그리 재밌었을까? 잠들기 전까지 버덩에 모여 앉아 많은 이야기꽃을 피우며 시간 가는 줄 몰랐다. 달이 없는 깜깜한 밤에는 옷을 벗어도 잘 보이지 않으니 안심하고 버덩 옆으로 흐르던 강에서 서로 등목을 해주며 한낮의 더위를 식혔고 어떤 날은 넘어지지 않도록 서로 손을 잡아주며 강물에 들어가 목욕을 했다. 반딧불을 잡으러 버덩의 풀숲을 이리저리 뛰어다니다 넘어져도 반딧불이 손안에서 반짝이면 그저 좋았다. 우리들의 깔깔거리는 웃음소리는 늦은 밤까지 별이 총총한 하늘에 울려 퍼졌고 귀뚜라미와 풀벌레 소리를 자장가 삼아 휘영청 밝은 달빛 아래서 잠이 들었다. 늦은 밤까지 수다 삼매경에 빠져 늦게 잠든 우리들은 이튿날 해가 중천에 떠올라도 모르고 자기 일쑤였고 아침에 논밭에 일하러 가시는 어른들이 지나가시며

"얘들아, 일어나라!"

하고 깨워주시곤 했다. 여름에 빨리 뜨는 아침 해를 원망하며 게으름을 들킨 부끄러움에 후다닥 일어나 이불과 베개를 들고 제방

과 논둑길을 지나 집으로 들어오는 길이 너무 멀게 느껴지던 그 시절이 동화 속의 한 장면처럼 내 기억을 장식한다.

밤에 어린애들이 들에 나가 잠을 자는 것을 흔쾌히 허락했던 어른들의 너그러운 마음에 감사하며 국민학생 여자애들끼리 버덩잠을 자면서도 전혀 위험하지 않았던 그 시절의 고향은 반세기가 지난 지금 뒤돌아 생각해 보면 너무나 아름다운 지상낙원이었다.

여름이면 친구들과 버덩에 나가 정성껏 지은 각자의 돌집에서 잠을 청하며 바라본 하늘의 별빛과 강물 소리는 지금도 내 영혼을 정화하며 나의 삶 속에서 반짝이는 기쁨의 화수분이다.